심령과학 시리즈 20

경이의 심령수(心靈水)

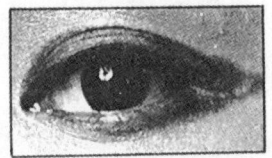

안동민/저

瑞音出版社

머 리 말

　내가 기적의 물인 '옴 진동수(振動水)'를 만들 수 있는 방법을 발견한 지도 이미 20년이 넘었다.
　지금 한국과 일본을 비롯하여, 전세계에서 기적의 생명수(生命水)인 '옴 진동수'를 마시고 있는 사람들은 아마 줄잡아서 10만명이 넘는다.
　'옴 진동수'의 비밀을 발견하기 까지에는 나도 이렇게도 마시는 물이 우리들의 건강과 밀접한 관계가 있다는 사실을 몰랐다.
　나는 본래 작가이며, 40대 초반 까지도 거의 무신론자(無神論者)였다.
　그런데 40대에 들어와, 내 자신이 경영하던 출판사가 파산함으로써 나는 내 자신의 인생에 대해서 뿐만 아니라, 온갖 사물에 대해 철저하게 새로운 눈으로 검토하지 않을 수 없게 되었다.
　그 결과 나는 신(神)의 세계가 엄연히 존재하고 있음을 뒤늦게나마 논리적으로 깨닫게 되었다. 그리하여, 나는 심령적으로 다시 태어나게 된 것이다.
　그때까지는 우주생성(宇宙生成)의 뜻도 모른채 몽롱한 정신으로 졸고 있었던 것이나 다름이 없었다고 생각한다.

눈에서 비늘이 떨어진 것과 같은 느낌이었다. 그리고 나는 심령능력자(心靈能力者), 이른바 초능력자(超能力者)로서의 새로운 인생을 시작한 것이었다. 그로부터 20여년, 현대의학(醫學)으로부터 버림받은 난치병(難治病) 환자들을 몇만명 취급하여, 85% 이상의 치병률을 올렸다.

각종 정신병을 비롯하여 고질적인 피부병, 온갖 종류의 암(癌), 뇌성마비의 어린이에 이르기까지, 내가 취급하지 않은 난치병은 거의 없다.

나는 의사도 아니고, 대학에서 그 방면에 대해 전문적인 연구도 한바가 없는데, 어째서 이렇게 된 것일까? 곰곰이 생각해 보면, 맨 처음 태양의 에너지를 이용해 제3의 눈을 개발하는 비법을 발견한 뒤, 무엇이든지 알수 있는 콤퓨터 같은 초능력자로 변신하게 된 것이 그 원인이 아닌가 생각된다.

물론, 한국이나 일본은 의료법이나 약사법이 굉장히 엄격한 나라이고, 심령과학의 존재 조차도 정식으로는 인정받지 못하고 있다.

나도 공식적으로는 체질개선 연구가로 통하고 있다.

강력한 염력(念力)이 들어 있는 '옴' 진동음을 녹음한 카세트 테이프를 이용해 '옴 진동수'를 만들고, 그 옴 진동수를 마시게 함으로써 또는 직접 환자에게 '옴' 진동요법을 실시하면, 확실히 환자의 체질은 개선되어 정상화(正常化)되었고, 그 후에는 이상하게도 그 난치병이 완치되곤 했다.

현대의학에서는, 태어났을 때부터 뇌성마비인 어린이에 대해 손을 쓸 수 없는 난치병으로 규정하고 있으나, 그와 같은 뇌성마비 환자 조차도 1년 이상 옴 진동수 복용과 옴진동 치료를 병행함으로써 오랜 시간은 걸렸지만, 거의 정상 아동이 된 예가 많았다.

그뿐만이 아니다. 지금까지 평범했던 사람이, 하루 아침에 초능력자로 변신한 예도 많다. 여기에서 나는 '옴 진동수'를 장기간 복용하면 사람들의 체질을 정상으로 개선시켜 줄 뿐만 아니라, 유전자의 컨트롤도 가능하며, 의식혁명(意識革命)도 가능하다는 것, 즉 지금의 인류를 우주의식(宇宙意識)에 눈 뜬 초인류(超人類)로 변신시키는 것도 가능하다고 생각하기에 이르렀다.

지금, 한국에는 약 5만명, 일본에는 3천 5백명 이상의 준회원(準會員)이 있으며, 옴 진동수는 나름대로 꽤 널리 알려져 있지만, 아직도 본격적으로는 알려져 있지 못한 편이다.

그래서 그렇게 좋은 것이라면 좀 더 많은 사람들에게 알려줘야 할게 아니냐는 주위 사람들의 권유에 의해 이 책을 다시 쓰게 된 것이다.

지금 우리 연구원에는 5백명 이상의 옴 진동수 가족들로부터 보내 온 본인들의 육성이 담긴 증언 테이프가 있는데, 그중에서 33명의 증언을 골라 이 책에 수록했다.

신앙이든 무엇이든 현대는 확인의 시대이다. 합리적인 이론없이 '덮어 놓고 믿으세요'는 절대로 통용되지 않는 시대라고 생각한다.

내가 물의 연구를 전공한 학자는 아니지만, 나름대로 물에 대한 연구는 꽤 많이 해 왔었다. 너무 어려우면, 일반 사람들의 이해 및 설득이 불가능해지므로 가급적 공감을 느낄 수 있게 물의 본질을 설명했다고 생각한다.

물의 성질에 대한 본질적인 구명(究明), 마시는 물이 유해(有害)하게 변질된 과정과 옴 진동수의 원리, 그리고 옴 진동수를 복용한 많은 사람들의 증언으로 이 책이 만들어진 것이다.

또한, 나는 준회원제(準會員制)로 '옴 진동수 가족'을 운영하고 있는데, 일본 전국은 물론이고, 한국에는 부산과 대구 등에 연락소가 있으므로 관심이 계신 분들은 가까운 곳의 연락소를 이용해 주시기 바라는 바이다.

1994년 8월
삼청동 저택에서
저 자

경이의 심령수 • 차례

머리말 ——————————————— 7

제1장 물의 정체를 밝힌다

1. 물질의 본질은 무엇인가? ——————— 16
2. 물과 인간의 육체 ————————————— 22
3. '옴 진동수'가 지닌 물리적인 성질 ————— 25

제2장 물과 '제3의 눈'

1. 인류는 무엇으로 멸망하는가? ——————— 30
2. '제3의 눈'을 개발하라 ——————————— 33
3. '제3의 눈'이란 무엇인가? ————————— 38

제3장 기적의 생명수 — '옴 진동수'

1. '옴 진동(振動)'의 비밀 ——————————— 48
2. '옴 진동수'의 원리 ————————————— 57
3. 의식혁명이 가능한 '옴 진동수' ——————— 64
4. 2억년의 진화를 가능케 하는 방법 ————— 68

제4장 '옴 진동수' 복용 가족들의 증언

증언•1 술·담배를 끊을 수 있었다 ——— 72
증언•2 고혈압과 당뇨병에서 해방되다 ——— 78
증언•3 심한 피부병이 완치되다 ——— 81
증언•4 몸과 마음이 깨끗해지다 ——— 85
증언•5 임신중독증이 완쾌되다 ——— 93
증언•6 만성 췌장염이 완쾌되다 ——— 98
증언•7 유체이탈을 하다 ——— 100
증언•8 구강암(口腔癌)을 고치다 ——— 105
증언•9 여러가지 병을 치료하다 ——— 107
증언•10 노이로제가 완치되다 ——— 112
증언•11 선인(仙人)이 되는 단식행의 길 ——— 127
증언•12 악성 피부병이 완쾌되었다 ——— 135
증언•13 나는 당뇨병에서 해방되었다 ——— 137
증언•14 '옴 진동수' 복용으로 선수생활 연장되다 ——— 139
증언•15 우주의식에 눈뜨다 ——— 141
증언•16 심장의 구멍이 막혔다 ——— 144
증언•17 중증(重症)이었던 결핵이 완치되다 ——— 146
증언•18 관절염이 완쾌되다 ——— 149
증언•19 인생의 참뜻을 깨닫다 ——— 150
증언•20 시간속을 이동하다 ——— 152
증언•21 나는 기적을 체험했다 ——— 154
증언•22 여기 기적의 생명수가 있다 ——— 158
증언•23 현미(玄米)의 발아를 성장실험하다 ——— 162
증언•24 턱이 바로 잡히다 ——— 167
증언•25 영능력과 초능력이 개발되다 ——— 170
증언•26 약을 받지 않는 체질이 되다 ——— 172
증언•27 이웃사람에게도 환영받다 ——— 175
증언•28 무한한 위력에 감격하다 ——— 178
증언•29 거듭 태어난 것을 경험한 형님 ——— 183

증언 • 30 음식을 많이 먹지 않게 된 아이들 —— 186
증언 • 31 마음의 상처가 고쳐지다 —— 188
증언 • 32 머리털이 많아지고 젊어진 어머니 —— 191
증언 • 33 '옴 진동수'를 마시고 —— 194
증언 • 34 머리통이 커지다 —— 201
증언 • 35 새로운 인생을 맞이하다 —— 203
증언 • 36 '옴 진동수' 복용에 대한 보고 —— 206

제6장 우주 창조의 수수께끼를 푼다

우주창조의 고고의 소리 —— 218

후기 —— 231

제1장
물의 정체를 밝힌다

1. 물의 본질은 무엇인가?

 어떤 현상에 자기도 모르게 익숙해진다는 것은 매우 심각한 것이어서, 그것이 아무리 이상하거나 비정상적인 것이라고 해도, 늘 가까이에서 보고 있으면 아무렇지 않게, 당연하게 느껴지게 되는 것이 일반적인 현상이다.
 바로 얼마 전까지만 해도 대부분의 사람들은 공기의 고마움을 전혀 느끼지 않으면서 살아왔다.
 공기는 언제나 거기에 있게 마련이었으므로, 공기가 없이는 온갖 생물들은 단 한순간도 살 수 없다는 사실을 진지하게 생각한 사람들은 아마 없었을 것이다.
 최근에 산업화의 발전과 함께 대기오염이 심해져 여러가지 정체불명의 공해병(公害病)이 발생되고, 실제로 피해를 입는 일이 많아지면서 비로소 공기의 중요함을 느끼기 시작하게 되었다는 이야기이다.
 한번 오염에 대한 이야기가 나오게 되자, 공기뿐만 아니라 물의 오염도 상당히 심각한 단계에 이르렀다는 사실을 알게 되었고, 일부 학자들 중에서는 이대로 방치한채 적절한 대책을 세우지 않을 경우, 앞으로 20년 안에 지구의 온갖 생물들은 반드시 멸망을 면치 못하리라고 주장하게 되었다.
 이야기가 약간 본론에서 빗나간 셈이지만, 잠시라도 물없이 온갖 생물들은 그 목숨을 유지할 수 없음을 누구나 일단 상식으로는 알고 있지만, 잘 알고 있는 것 같으면서 정확하게 모르고 있는 것이 물의 본질이 아닌가 한다.

물은 보통 때, 액체(液體) 상태이며, 온도가 올라가면 기체(氣體)가 되고, 반대로 0℃아래로 내려가면 고체(固體)가 되어 얼음으로 변신한다는 것은 어린이들도 알고 있는 상식이지만, 어째서 온도의 작은 변화로 그러한 일들이 일어날 수 있는가 하고 묻게 되면 쉽게 대답할 수 없다.

너무나도 잘 알려진 일이고, 누구나 왜 그렇게 되는지를 생각해 볼 필요가 없었기 때문이다. 그러나 문제는 여기에 있다고 생각한다. 온도의 작은 변화에 의해 물은 기체에서 액체, 액체에서 고체로 변하게 되는데 지구 위에 존재하는 온갖 물질 가운데 이와 같은 성질을 가진 것은 물 외에는 없는 것이다.

물은 어느 의미에서 물질계(物質界)에 있어서는 최고의 존재인 것이다. 작은 온도의 변화에 의해 물이 물질계에서 그 위상을 바꾸는 이유를 이제부터 간단하게 설명해 보고저 한다.

보통의 물은 H_2O로서, 산소분자 1과 수소분자 2에 의해 이루어지고 있으며, 피라밋드 꼴을 하고 있고 물의 분자 속에는 일종의 4차원 공간이 있어서 열 에너지 뿐만 아니라 온갖 물질을 저장하는 성질을 갖고 있는 것이다.

섭씨 10도에서 20도 사이에 있을 때, 물은 보통 액체 상태이지만, 그 이상 온도가 올라가기 시작하게 되면 물의 분자는 활발하게 움직이게 된다. 그것은 하나 하나의 물의 분자 속에 스며든 열 에너지가 포화상태가 되어, 물의 분자 하나 하나가 독립해 동력(動力)으로서 움직이게 되기 때문이다.

이로 말미암아 물의 분자와 분자를 연결시키고 있었던 인력 (引力)이 약해져, 물의 분자는 추진력을 얻게 되며, 공기보다도 가벼운 존재로 그 위상이 변한다. 이것이 물의 기화상태(氣化狀態)이다.

외부로부터 열 에너지가 계속 들어와 섭씨 100도 가까이 되면 물의 분자는 전부 독립하기 시작해 매우 빠르게 기체로 변하게 된다. 그러나, 이 경우에도 물의 분자구조(分子構造) 속에 여러가지 물질이 용해되어 있으면, 물은 이 이물질(異物質)을 자기의 구조 밖으로 쫓아내기 위해 다소의 에너지가 필요하기 때문에, 보통 때보다 온도가 좀더 높아지지 않으면 기체로 변하기가 어렵다.

한웅큼의 소금을 물 속에 넣어 잘 휘저으면, 시각적으로 소금을 가려내기가 힘들게 되는데, 이것은 물의 힘으로 소금이 분자(分子) 상태로 분해되어, 물의 분자 속의 4차원 공간에 들어가기 때문이다.

그러나, 온도가 올라가 물이 기체로 변화하기 시작하면, 물은 소금의 분자를 본래의 상태로 되돌려 주어 고체상태를 만들면서 스스로는 기체로 변한다.

한편, 주위의 온도가 내려가기 시작해 대기의 온도가 섭씨 0도가 되면 물은 얼기 시작하는데, 그것은 물 속에 저장되었던 열 에너지가 빠져나가 물 분자의 운동이 둔해지고, 생물로 말하면 일종의 가사상태(假死狀態)가 되는데, 결정체를 만들어 부피가 늘면서 얼음으로 변신하게 된다. 즉 물의 분자가 서로 굳게 결합되는 현상이다.

그러나 주위의 온도가 올라가기 시작해 섭씨 0도 이상이 되면 얼음 속에 열 에너지가 들어가기 시작해 얼음은 본래의 액체 상태, 즉 물의 본래 모습으로 돌아가기 시작하는 것이다.
 그런 뜻에서 물은 불사(不死)의 성질을 갖고 있는 것이라고 할 수 있다.
 한편, 물은 보통의 자연적 방법으로는 그 분자구조가 파괴되지 않는 특수한 물질이기도 하다. 온도의 상승에 의해 분자의 단계에서 독립해 버리면 물은 기체로 변하게 되는데, 그때에도 H_2O의 성질은 조금도 변하지 않는다.
 보통, 우리들이 물을 마시게 되면 그 물이 몸 속에 들어가서 분해되는 것이라고 생각하기 쉬운데 이것은 터무니없는 그릇된 판단이다.
 앞에서도 이야기한 것과 같이, 물은 그 분자구조 속에 일종의 4차원 공간을 갖고 있어서, 분자의 형태로 분해된 온갖 물질을 저장해서 운반하는 운반자의 성질을 갖고 있는 것이다.
 보통 물질이 물 속에 들어가면 분자의 형태로 분해되며, 이것도 물이 지니고 있는 특이한 성질에 의해 이루어지는 현상이다.
 물은 여러가지 물질을 분자의 모양으로 그 4차원 공간 속에 저장하고, 식물 또는 동물의 몸 속에 들어가서, 저장했던 열 에너지라든가 그 밖의 물질을 쏟아 놓고, 그 식물 또는 동물의 몸이 배출하는 물질을 대신 저장해서 몸 바깥으로 실어 나르는 것이다.
 이와 같은 물의 작용에 의해, 지구 위의 온갖 생물들은 살아갈 수 있는 것이다.
 물은 자연스런 방법으로는 절대로 파괴할 수 없는 특수한 성질을 갖고 있어서, 비록 전기분해(電氣分解) 같은 방법에 의해 산소와 수소로 분해가 된다고 해도 곧 결합해서, 본래의 액체 모습으로 되돌아 가고 만다.

내가 발안(發案)한 '옴 진동수(振動水)'는 강력함 염력(念力)에 의해 우주 에너지를 집중시켜서 만든 수소분자가 많은, 또한 에너지를 보다 많이 지니고 있는 알칼리 성질의 중수(重水)인 것이다.

일반에게 알려진 과학적인 방법으로써 중수(重水)를 만드는 것은 대단히 어려운 공정이 필요하고 비용도 많이 들지만, 염력이 들어 있는 '옴' 진동음으로 중수를 만드는 것은 매우 간단하며, 카세트 테이프에 녹음한 것을 활용하면 되는 것이다.

다만 '옴 진동수'를 대량으로 생산하는 데는 특수한 공정이 있으며, 또한 이렇게 해서 만들어진 '옴 진동수'는 보통 물과 비교할 때, 그 구조가 매우 불안정한 것이 특징이라고 할 수가 있다.

불안정한 물이기 때문에, 약간 열 에너지의 충격을 주어도 본래의 보통 생수(生水)로 되돌아 가는 성질을 갖고 있는 것이다.

수소 가스로 점화하면, 이 '옴 진동수'는 수소 가스와 보통 물로 분리를 하게 되고, 유리(遊離)된 수소 가스를 두번째로 점화하게 되면, 맹렬한 열과 압력이 발생해서 분리된 물이 수소와 산소로 분해되어 세번째로 폭발하는데, 이 힘에 의해 자동차를 달리게 할 수도 있는 것이다.

어쨌든 물은 발화성(發火性)이 강한 산소와 수소에 의해 만들어진 것이므로, 장차는 물이 중요한 연료로 각광받게 될 것이다.

상식적으로, 물은 불을 끄는 것이니까 연료로 쓰인다는 것이 터무니 없는 망상이라고 생각하기 쉬우나, 이것은 그야말로 물의 본질을 모르기 때문인 것이다.

　물은 어디까지나 분자 형태로 존재하는 특수한 물질이다. 과학자들의 추정에 의하면 월세계(月世界)의 바위 속에도 물의 성분이 다량 저장되어 있다고 한다. 효과적인 방법으로 분해시킨다면 약 1천만명분의 음료수로 쓰일 수 있을 만큼 분량이 된다는 것이다.

　월세계에서도, 사람들은 인공(人工)으로 만든 돔이나, 지하도시에서 살수 있다고 하는데, 달에서 채취된 물은 얼마든지 재생(再生)시켜 활용할 수가 있다고 한다. 또한 물을 분해시켜 공기를 만드는 방법도 가능하다고 과학자들은 주장하고 있다.

　화산의 용암 속에도 공기나 물의 분자는 수분으로서 존재하고 있으며, 어떠한 딱딱한 물질 속에도 스며 들어갈 수 있는 것이 물의 특질이다.

　여러가지 물질 속에 포함되어 있거나, 또한 물 자체가 여러가지 물질을 분해시켜 공존공영(共存共榮)하고 있는 것도 물의 본질이고, 독(毒)을 넣으면 사람을 죽이는 독수(毒水)가 되고, 약을 넣으면 그 반대의 작용을 하는 것도, 또한 물의 본질인 것이며, 다른 물질 속에 수분으로서 소량이 포함되어 있을 때, 그 물질의 본래 갖고 있는 성질을 간섭하지 않는 것도 또한 물이 지닌 특질인 것이다.

　즉, ① 원인이 있으면 결과가 있다. ② 공존공영 할것. ③ 불간섭주의를 철저히 지키라는 3가지의 우주법칙을 충실하게 지키고 있는 것이 바로 물이다.

2. 물과 인간의 육체(肉體)

 물이 우리 인간을 비롯해 온갖 지구 생물에게 있어서 절대로 필요함은 더 말할 나위도 없다. 그렇다고 어떤 물이나 마셔도 좋다는 것은 아니다. 우선 마셔 보아서 맛 있는 물과 그렇지 않은 물은 분명히 구별할 수 있는 것이다.
 한국과 일본의 물은, 음료수 가운데 세계에서 가장 맛 있다고 말해지고 있다. 인구가 1천만명이 넘는 큰 도시인 서울 시내에서도 아직껏 우물 물을 음료수로서 쓸 수 있는 지하수가 있다는 것은 정말 놀라운 일이다.
 북악 스카이웨이 주변에 있는 고급 주택들은, 대부분이 지하수를 음료수로 쓰고 있다고 한다. 서울 시내에서 10킬로 정도 떨어진 교외에 나가면, 우물 물을 마시는 것은 이미 상식에 속한다. 파이프를 몇십미터만 박으면 얼마든지 질좋은 지하수를 풍부하게 뽑아 올릴 수가 있는 것이다.
 동남 아시아나 유럽과 같이 생수를 마실 수 없는 지역에서는 물은 당연히 병에 넣은 상품이 되어 있고, 열사지대(熱砂地帶)인 아라비아 같은 곳에서는, 음료수가 석유보다도 더 비싸게 팔리고 있다.
 생수를 공짜로 마실 수 있다는 것은 하늘의 혜택을 받고 있는 나라에 살고 있다는 뜻이다. 그러나 불순물이나 혼잡물은 어떤 양질의 물에도 어느 정도 있게 마련이고, 물의 질도 각종 각색이어서 단순하게 산소와 칼슘만을 포함하고 있다고 한마디로 말할 수는 없는 것이다.

우리나라에서 생산되는 생수는 약간의 예외를 빼고 어떤 물이라도 마시는 것이 건강상 좋은 일이긴 하지만, 질적으로 보다 좋은 물을 선택하여 건강을 위해 활용한다는 것도 매우 바람직한 것이다.

그러면, 어떤 물이 음료수로서 건강에 좋은 것일까?

옛날에 우리나라의 지하수 하면 세계에서 맛 좋기로 이름 났었지만, 공해가 심해진 요즘은 곳곳의 하천과 우물들이 대부분 오염되어 좋은 물은 아주 찾아보기 힘들게 되었다. 정밀하게 수질검사를 하지 않고 생수를 마셨다가 건강을 해칠 수도 있음을 알아야 한다.

그러한 뜻에서 '한국의 물은 세계에서 가장 맛 있다'라는 주장이 이미 반은 신화(神話)가 되었다고 해도 결코 지나친 말은 아니다.

그렇다면, 우리들이 어떻게 하면 좋은 물을 찾을 수 있을 것인가? 아니, 여기서는 찾는 노력보다도, 오염된 수도물일지라도 이것을 연구 개발해 되도록 천연(天然)의 물에 가까운 것으로 만들어 마실 것을 권유하고 싶다. 그것이 지금의 우리들에게는 가장 좋은 방법이 되기 때문이다.

그래서, 이제부터 되도록 천연수에 가까운 것으로 만들려면 어떤 방법이 있는지를 소개해 보고저 한다.

1) 세균(細菌) 등을 제거한다

수도물에는 수도법(水道法)에 의해 염소(鹽素) 가스(속칭 칼키)가 들어가기 때문에 맛이 좋지 않은 데다가 많이 마시게 되면 건강을 해치게 된다. 그래서 이것을 방지하려고 수도물을 따라놓은 뒤, 하루 밤과 낮(24시간) 동안 방치해 두거나 끓여 마시도록 하고 있다.

2) 계면활성제(界面活性劑)를 제거한다

계면활성제(界面活性劑)란 합성세제를 말한다. 흔히 거품이 이는 것은 합성세제의 특이한 성질인데, 이것이 마시는 물에 섞여 있는 경우가 최근에는 아주 많아진 것이다.

그런데, 한번 물 속에 계면활성제가 들어가게 되면 제거시키는 것이 매우 어렵다. 활성탄(活性炭)을 써서 제거하는 방법도 있지만 몇 주일이 지나게 되면 전혀 쓸모가 없다.

또한 이온 교환수지(交換樹脂)를 써도 마찬가지다. 따라서 빈번하게 활성탄이나 교환수지를 바꿀 필요가 생기게 된다.

3) 경수(硬水)를 연수(軟水)로 바꾼다

일반적으로 경도(硬度)가 높은 물은 맛이 없다는 것이 상식이다. 탄산칼슘이 포함된 경수를 끓이면 연수로 변하게 되어, 마실때나 세탁에 써도 좋지만, 유산칼슘이 포함된 강한 경수는 비록 끓이더라도 연수로 변하지 않는다.

이런 경우에는 이온 교환수지를 쓰면 좋다. 그러나 계면활성제가 포함된 물일 경우는 곧 효율이 떨어지게 마련이므로 항상 이온 교환수지로 대체하지 않으면 안된다.

3. '옴 진동수'가 지닌 물리적 특성

 나는 지금까지 이 지구에서는 처음으로, 전혀 새로운 물리적(物理的)인 성질을 지닌 상념파동(想念波動)에 의해 '옴 진동수(振動水)'를 만들어 내는 방법을 개발했다.
 물의 분자는 간단한 것을 기억할 수 있을 뿐만 아니라, 인간 레벨의 상당히 복잡한 지식까지도 주입, 기억할 수 있는 콤퓨터와 같은 물리적인 성질을 갖고 있다는 발견은 정말 대단한 것이라고 생각된다.
 여기서 이야기를 조금 바꿔, 이 우주 창조에 있어서 태초의 비밀과, 그것이 '옴'의 상념파동(想念波動)에 어떤 영향을 주었는지를 설명하기로 한다.
 지금부터 2백억년 가까운 아득한 옛날에, 이 우주는 캄캄하고 혼돈된 존재였다고 한다. 그때 어디로 부터인지 빛의 우주가 가까이 다가와서 암흑우주(暗黑宇宙)와 대충돌을 일으켜 '옴'이라는 대진동음(大振動音)과 함께 빛이 태어나고 (즉, 창조주가 탄생하고) 그로부터 오랜 세월에 걸쳐 지금의 물질우주(物質宇宙)가 만들어졌다고 한다.
 그래서 요가 철학에서는 '옴'을 창조주(創造主)의 이름이라고 말해지고 있는 것이다. 간단하게 이야기하면, '옴'의 진언(眞言) 속에는 우주창조의 온갖 비밀, 사랑과 지혜와 힘이 깃들어 있는 것이라고 생각된다. 그리고, 또한 물은 창조주를 가장 간단한 모습으로 나타낸 '생명의 운반꾼'라고 할 수 있다.

생각해 보라!

물 없이는 이 우주에 생명을 유지할 수 있는 존재는 없는 것이다. 물, 그 자체는 선(善)도 악(惡)도 아니라고 생각된다. 다만 음양(陰陽)의 우주 에너지가 물질화 된 것에 불과하지만, 지구 위에 존재하는 거의 모든 원소들을 그 분자 속에 녹여서 운반할 수가 있는 것이다. 그리하여 물은 생명수가 되기도 하고 또한 독수(毒水)로 변신하기도 하는 것이다.

보통 때, 생수에다 '옴'의 진언파동(眞言波動)을 쪼이면, 그 물은 하나님이 만드신 생명수(生命水)로 변신할 수가 있는 데, 나는 이 '옴 진동수'를 상념파동에 의해 새로 만들어진 기적의 물이라고 믿는다.

'옴'의 진언(眞言)을 진동음으로써 카세트 테이프에 녹음한 후, 그 진동음을 재생시켜 용기에 넣은 생수에 쪼이면, 생수는 기적의 생명수로 변하는데, 이제부터 그 '옴 진동수'가 지닌 물리적인 성질을 간단하게 소개해 볼까 한다.

1. '옴' 진동을 반복적으로 쪼인 물은 보통 생수보다 무거운 중수(重水)가 된다. 3천 그램의 물이 3천 30그램으로 변했다는 보고도 있다. 이른바 원자구조(原子構造)가 틀리는 특수한 물이 아닌가 한다.

2. 이 '옴 진동수'를, 매일 일정 분량을 장기간 마시게 되면, 우리 몸의 체액이 정화되는 것 같다. 고혈압・저혈압・당뇨병이라든가, 재생불능성 빈혈(再生不能性貧血), 백혈병(白血病) 등이 완치된 예는 많다. 암 같은 것도 아직 수술을 받지 않은 초기의 환자는 치유된 예가 있다.

3. 선천성 뇌성마비의 어린이도 1~2년 장기간 복용하면 (이런 경우에는 스피커를 사용한 '옴' 진동 치료도 병용해야만 한다) 점점 정상인 어린이로 변한 예가 많다. 열대산(熱帶産)인 잉꼬새도 유전자(遺傳子)가 바뀌어 영하 10도 이하의 추운 겨울을 아무런 보온 장치없이 마당에서 무사히 넘긴 예도 있다. 이것은 유전자가 변화되어 한대산(寒帶産)의 새로 변신한 탓이라고 밖에 설명이 되지 않는다.
  4. '옴 진동수' 장기 복용에 의해 성격이 바뀌고, 보통 사람이 우주의식에 눈뜬 초능력자로 변신하게 된 예도 많다. 겉으로 보아서 머리통의 모양이 바뀌었다든가, 나와 같이 50살이 넘어서 키가 커진 예도 있다.
  5. 흔히 할 수 있는 간단한 식물(植物)실험인데, '옴 진동수'를 넣은 꽃병에 꽃을 꽂으면, 꽃 그 자체는 보통 생수를 쓴 것보다 3배 가량 수명이 길어지나, 잎사귀는 바싹 말라서 재가 되다시피 한다. 에너지가 너무 많은 탓이 아닌가 한다.
  6. 나쁜 외기(外氣)에 쪼이면 '옴 진동수'는 나쁜 외기를 재빨리 흡수하므로 보통 물보다 빨리 못쓰게 되나, 병에 넣어두게 되면 한달 이상도 썩지 않는다.
  7. '옴 진동수'는 물맛이 달콤하여 아주 마시기가 좋다고 한다. 질이 나쁜 물도 '옴진동'을 쪼이면 그 안에 포함되어 있던 물질이 기체로 변하여 증발해 버린다.
  8. 백혈병에 걸린 중병환자로서, 방사성물질(放射性物質)의 치료를 받고, 그 부작용으로 곧 죽게 되었던 사람이 '옴 진동수' 복용과 함께 완치된 예가 있다.
  또한 맹독성(猛毒性) 액체로 된 쥐약을 다량 마셔서 온 몸에 독이 퍼져 4시간 안에 틀림없이 죽는다고 선고 받은 환자가 '옴 진동수'를 복용해 암무런 부작용없이 회복된 예도 있으며, 자살하려고 농약을 마셨던 사람도 목숨을 건진 예가 있다.

9. '옴 진동수'를 마시면, 뚱뚱한 사람은 일반적으로 식욕이 없어지고 몸이 여위게 된다. 불필요하게 많이 저장된 피하지방산(皮下脂肪酸)이 연소되어, 몸에 필요한 에너지를 공급하고 그 때문에 식욕이 없어지는 게 아닌가 생각된다. 그러나 공복감(空腹感)은 거의 없는 것이다. 몸도 아주 원기 왕성함은 물론이다.

현대인의 대부분이 여러가지 성인병을 앓게 되는 참된 원인은 과식과 몸이 필요 이상으로 비대해지기 때문이라는 이야기도 있다. 식이요법과 같은 괴로움 없이 여윈다는 것은 정말 좋은 일이 아닐까?

이밖에도 '옴 진동수'에는 여러가지 특성이 있는 데, 그것은 다음 장에서 자세히 설명하기로 한다. 그리고 한가지 잊어서는 안될 것은 '옴 진동수'는 보통 물과 비교할 때, 여분의 우주 에너지를 지닌 특수한 물이며, 다른 물질을 그 안에 빨아들여 보통 생수로 되돌아 가려는 성질을 갖고 있다는 것이다.

'옴 진동수'는 장차 가솔린 대신의 새로운 연료로 개발될 가능성도 있는 물이라고 생각된다. 또한 그런 연료로 만드는 방법을 내 나름대로 연구한 바도 있다.

제 2 장
물과 '제3의 눈'

1. 인류는 무엇으로 멸망하는가?

　인류는 핵전쟁으로 멸망할 가능성보다는, 각종 공해와 마실 수 없게 된 독수(毒水)때문에 멸망할 가능성이 더 많아졌다.
　인류가 살아남기 위해 가장 필요한 것은 오늘의 진상을 아는 것이며, 너무 늦기 전에 확실한 방비책을 실천에 옮기는 일이다. 그러기 위해서는, 지금까지의 인간이 갖고 있던 온갖 것에 대한 사고방식을 근본적으로 다시 검토해 볼 필요가 있다.
　인간의 사고능력(思考能力)을 한층 위로 올리는 하나의 가장 효과적인 방법으로서, 내가 '옴 진동수'의 대량 보급을 주장하는 이유는, 오랫동안 '옴 진동수'를 마심으로써 우주의식(宇宙意識)에 눈뜬 사람들이 굉장히 많다는 현실에 근거를 두고 있기때문이다.
　인간을 현상 그대로 자연(自然)인 진화에 맡기면 2억년 내지는 3억년의 긴 시간이 걸린다고 추정되고 있는데, 지금 우리들에게 남겨져 있는 시간은 겨우 20년 정도밖에 없는 것이다.
　시간이라고 하는 것은 어디까지나 상대적인 것이며, 인공적(人工的)인 방법으로 인류의 진화를 2~3년 정도의 아주 짧은 시간 안에 완성시키는 것도 전혀 불가능한 것은 아니라고 생각한다. 왜냐하면, 이 우주는 서로 틀리는 파동(波動)의 진동에 의해 구성된 세계이며, 우리들의 눈에 유계(幽界)라든가, 영계(靈界)가 보이지 않는 까닭은 우리들이 살고 있는 물질우주(物質宇宙)와 비교할 때, 그들 세계는 보다 정밀한 파동으로 진동하는 세계이기 때문이다.

눈에 보이지 않으니까, 귀에 들리지 않으니까 그 세계는 존재하지 않는다고 생각하는 것은, 기초적인 과학 지식이 없는 사람들의 잠꼬대에 지나지 않는다.

우리들의 귀에 라디오의 음파(音波)가 들리지 않지만, 항상 옆에까지 와 있는 것이며, 그것은 라디오의 스윗치를 넣는 순간에 소리가 나오는 것으로 증명되고 있다.

또한, 우리들의 눈에 보이는 가시광선(可視光線)의 범위는 매우 좁고, 보통 사람들 눈에는 적외선(赤外線)이라든가 자외선(紫外線)으로 구성된 파동의 세계가 보이지 않지만 실재적으로는 있고, 음파(音波)의 경우에 있어서, 초음파나 저음파도 우리들 귀에는 들리지 않지만 확실히 실재하고 있는 세계인 것이다.

보통 물보다 굉장히 빠른 속도로 진동하고 있는 '옴 진동수'를, 매일 일정한 분량 장기간에 걸쳐 마심으로써 육체의 진동 레벨이 높아지고, 그 진동 사이클이 변한다면 2~3년 동안에도 2억년 미래의 새로운 초인류(超人類)로 변신이 가능하다고 본다.

인류를 인공적인 방법에 의해 진화시킬 수 있는 거의 유일한 방법을 나는 개발했다고 믿고 있다.

대부분의 사람들 사고방식이 변하지 않는 한, 아무리 오늘날의 위기를 호소해도 일반 사람들은 인류가 위기를 맞고 있다는 것을 실감하기 매우 힘들다.
 이 우주를 지배하는 3대 법칙으로서, ① 원인이 있으면 결과가 있다. ② 공존공영(共存共榮)하라. ③ 타(他)의 자유를 인정하여 불간섭주의를 지키라는 법칙이 존재한다는 것을 믿지만, 현대 사회가 멸망하게 된 진짜 원인은, 인간이 스스로의 생명만을 소중하게 생각할 뿐, 다른 동식물에 대해서는 그다지 관심이 없었다는데 책임이 있다고 본다. 그렇지 않다면, 이렇게도 공해가 가득찬 세상으로 변할 까닭이 없기 때문이다.
 지구의 자연도 하나의 살아 있는 생명인데, 이 사실을 정말로 알고 있는 사람들이 과연 얼마나 되는지 의심스럽다.
 우리들이 지구의 생태계(生態系) 속에 살고 있으면서, 주위의 자연을 파괴하고 다른 많은 동식물의 생명을 파멸시킨다면 어차피 우리들도 멸망하게 되어 있는 것이다.
 그중에서도 특히 수자원(水資源)은 특히 지구생명에서 필수적인 것이며, 그것이 대규모로 오염되면 궁극적으로 지구는 온갖 생명이 생존할 수 없는 죽음의 혹성(惑星)으로 변하도록 되어 있는 것이다.

2. '제3의 눈'을 개발하라

인간이 행복만을 추구하다가 어느덧 정신을 차려 보니까 무서운 세상으로 변해버린 것이다. 공기에서부터, 물・바다・땅 위와 땅 속에 이르기까지 사람의 몸에 해를 끼치는 유독성 공해물질에 오염되지 않은 곳은 거의 한곳도 없기 때문이다.

그러면, 우리들 인류가 살아 남기 위해서는 어떻게 하면 좋은 것일까? 이것은 누구나 느끼지 않을 수 없는 심각한 의문이라고 생각한다.

정말 우리들이 공해문명에서 탈출할 수 있는 길은 있는 것일까? 이에 대한 나의 대답은 그렇다는 것이다. 이 수수께끼를 풀 수 있는 열쇠는 우리 인간이 쥐고 있다고 믿는다.

생각해 볼 때, 인간의 몸은 정말 불가사의한 기능의 소유자라고 본다. 보통의 동식물의 생존이 거의 불가능한 아주 추운 곳에서도, 불모의 열사(熱砂)인 사막에서도 잘 살아가고 있는 것이 인간이기 때문이다.

환경에 적응하는 생존력으로 인간만큼 발군(拔群)의 잠재적 능력을 가진 존재는 이 땅 위에 없다고 할 수 있다.

그 비밀을 푸는 열쇠는 인간의 뇌, 그 가운데에서도 몸의 메커니즘을 자동적으로 조절하는, 이른바 구피질(舊皮質)에

속하는 송과체(松果體)가 쥐고 있는 것이라고 생각된다.

현재, 보통 문명사회에 사는 사람들의 몸은 공기가 깨끗하여 전혀 공해가 없었던 6천년 이상 옛날의 환경에 적응하도록 컨트롤 된 뇌의 메카니즘을 갖고 있다고 한다. 따라서 이와 같은 신체조건으로서는 지금의 세상에 적응하기가 어렵고, 멸망의 위기를 맞도록 되어 있는 것이 지극히 당연한 일이다.

그러므로, 이와 같은 육체적 메커니즘을 짧은 시간 안에 바꾸어 거의 온갖 공해물질을 다른 물질로 전환하거나, 또는 몸 바깥으로 자동적으로 배출시킬 수 있는 초능력자로 변신시키는 길이 바람직한 것이다.

생각해 보면, 식물(植物)과 같이 인간의 몸도 어느 한정된 범위 안에서 물질의 구조를 전환시킬 수 있는 자연이 낳은 원자로 같은 것이라고 생각된다. 인간은 유기물인 동식물을 음식으로 섭취해 그것을 여러가지 무기물로 전환시킬 수 있는 기능이 있는 것을 보면 이해할 수 있다.

우리들과는 달리 무기물을 유기물로 전환시킬 수 있는 것이 식물인데, 사람의 몸에는 식물적인 기능도 잠재적으로 갖추어져 있다는 것이 된다.

나의 지인(知人) 가운데에는 '옴 진동수' 복용과 태양의 빛만으로 100일 이상 무사히 단식을 강행군한 사람도 있다.

이런 예는, 긴급사태가 발생했을 때, 인간의 몸은 물과 햇빛만으로도 살 수 있는 식물의 기능도 잠재적으로 갖고 있다는 무엇보다도 좋은 증거가 된다.

자기의 몸이 결정적으로 오염되어 있다고 생각되거든 우선 단식해 볼 필요가 있다.

좋은 지도자의 지시아래, 일주일 정도의 단식 코스를 실천

하면, 대개의 경우, 몸의 조건은 정상으로 회복되기 마련이다. 그때까지 몸의 조직 속에 스며 들어 있던 온갖 공해물질은, 몸이 지니고 있는 특수한 작용에 의해 거의 전부가 몸 바깥으로 배출되게 마련이다.

1년에 한 두번, 정기적으로 단식을 하는 것은 매우 좋다고 나는 믿고 있다.

그 다음으로 추천하고 싶은 것은, 냉온욕(冷溫浴) 또는 사우나 목욕이다. 어째서 냉온욕과 사우나 목욕이 건강에 좋은 것인지 간단히 이야기해 보고저 한다.

사람이 건강하게 살아가기 위해서는, 음식의 섭취도 빼어 놓을 수 없지만, 먹는 것과 동시에 몸 안에서 필요하지 않게 된 유독물(有毒物)을 몸 바깥으로 내어보내는 것도 살아가기 위해서는 중요한 것이다.

노폐물을 몸 바깥으로 배설하지 않으면, 노쇠(老衰)를 촉진하고 여러가지 질병의 원인을 만들기 때문이다.

노폐물을 몸 바깥으로 내 보내는 방법으로서는 대변·소변·땀·호흡이 있고, 그것들이 부족한 경우에는 구토와 설사 등이 일어나게 마련이다.

여기에서는 땀 흘리는 일에 주목해 주기 바란다. 땀을 흠뻑 흘린 뒤에는 온 몸이 깨끗해지고 몸이 가벼워진 것과 같은 상쾌감을 맛보게 된다. 땀에 의해 몸 안에 축적되었던 노폐물이 배설된 결과이다.

숲과 호수에 둘러싸인 북구(北毆)의 나라 핀란드는 세계에서도 손꼽히는 장수국인데, 이 나라 사람들의 건강을 지탱해 온 생활 습관의 하나는 2천년의 역사를 가진 사우나 욕(浴)이다.

그 방법은 습도 30% 전후, 온도 80도 전후의 건열기 목욕실에 들어 가서 비오듯이 땀을 흘리는 일이다. 땀과 함께, 노폐물 및 온갖 몸 안에 저장되어 있던 공해물질이 배설되기 때문에 자율신경실조증(自律神經失調症), 신경성협심증(神經性狹心症), 소화성궤양, 류마티즘, 체질개선, 만성위장염, 월경곤란증(月經困難症), 신경통, 난소기능부전증(卵巢機能不全症) 사지순환장해(四肢循環障害) 등에 효과가 있다고 한다. 다만, 질병에 따라서는 오히려 위험한 것도 있기 때문에 사전에 의사의 지시를 받도록 하는 것이 바람직하다.

또한 8~10분 동안의 사우나 목욕으로 600~800그램의 체중이 감소되면서 자연스럽게 식욕도 왕성해지는 경향을 느낄 수 있다.

사우나 목욕은 미용에도 매우 효과적이다. 군 살이 빠지고 체중이 감소되는 것은 열의 자극으로 신진대사가 활발해지면서, 남아 돌아가는 지방(脂肪)이 연소하기 때문이다.

또한 모든 피부의 털구멍이 활짝 열리기 때문에 피부의 더러움이 씻겨지고 피부 호흡도 원활하게 된다.

사우나 목욕을 한 뒤, 냉수를 끼얹으면 피부가 수축되어 피둥피둥 건강한 피부로 변하는 것이다. 그 다음에 권유하고 싶은 것이 매일 냉온욕을 하라는 것이다.

나는 지난 30년 동안 냉온욕(冷溫浴)을 실행해 왔고, 현재 60세가 넘었지만, 벌거벗은 나의 몸을 본 사람들은 하나같이 30대의 피부를 가지고 있다고 말한다. 나는 평소부터 피부의 신진대사 기능이 좋다면 실질적으로 건강도 좋다고 생각해 왔다.

아내도 나와 같은 나이인데 한동안 어깨의 신경통 때문에 1년 이상 상당한 괴로움을 겪었다. 얼굴도 나보다는 열살 이상이나 늙어 보였으므로, 아내를 설득해 매일 아침 대중탕에서 냉온욕을 하게 된 뒤는 그렇게 완고했던 어깨의 신경통도 멎었고, 지금은 오히려 나보다도 열살 이상 젊게 보인다.

조금만 노력하면 우리들은 얼마든지 몸 안에 축적된 여러 가지 공해물질을 몸 바깥으로 내어 쫓을 수 있는 방법이 있다고 생각된다. 그리고 마지막으로, 특별히 개발한 2가지 공해 퇴치의 방법을 설명하려고 한다.

그 하나는 우리들의 몸 안에 잠재된 자연 치유력(自然治癒力)을 최대한으로 끌어내는 방법이며, 또 하나는 강력한 염력(念力)에 의해 만들어진 '옴 진동수'를 장기복용함으로써 몸 속에 스며든 가지가지의 공해물질을 가장 효과적으로 배설시키는 방법이다.

그 방법으로서는, 이른바 '제3의 눈'을 개발해서 구피질의 기능을 강화하며, 몸안에 내재되어 있는 물질전환(物質轉換) 능력을 최대한 가능하게 만드는 것이다.

3. '제3의 눈'이란 무엇인가?

　사람은 누구나 두개의 눈을 갖고 있다. 그러나 엄밀하게 따져 보면 두 눈은 단지 렌즈의 작용을 할 뿐이며, 실제로 보게 해 주는 것은 시각신경(視覺神經)이다. 그러니까 시각신경에 고장이 생기면, 두 눈을 뜨고 있어도 즉 안구(眼球)에는 아무런 이상이 없어도 사물을 볼 수가 없게 된다.
　여기까지는 누구나 알고 있는 일이거니와, 불교의 한 교파(敎派)에 속하는 밀교(密敎)에서는 사람에게 누구나 '제3의 눈'이 있다고 주장한다. 눈과 눈 사이 즉, 미간(眉間)에 위치하고 있다는 그 '제3의 눈'을 다른 말로는 영안(靈眼)이라고도 부르고 있다.
　이 '제3의 눈'은 완전히 활용할 수 있는 사람은 과거와 미래까지도 볼 수 있다고 한다.
　한낮에 태양이 빛나고 있을 때, 하늘을 우러러 보면 푸른 하늘이 보이지만 별빛은 볼 수가 없다. 그렇다고 해서 하늘에서 별들이 모조리 사라진 것은 아니다. 너무나도 밝은 태양빛 때문에 우리들 눈에만 별빛이 보이지 않을 뿐이다.
　이와 마찬가지로, 우리들이 두 눈으로 무엇을 본다는 것은 자기의 두 눈으로 보이는 세계만을 보고 있다는 것일 뿐인데, 그 육안으로 보이는 세계가 전부인 것 같이 착각하고 있는 것이다.
　그러나 두 눈을 감고도 '제3의 눈'으로 사물을 볼 수 있게 되면, 우리들의 주위에 있는 현실적인 물질세계(物質世界) 뒤에 숨겨져 있는 또 다른 세계를 보는 것이 가능해지는 것이다. 이와 같이 말하면, 아마도 어떤 사람들은 비웃을지도 모른다. '제3의 눈'이 있는지 없는지도 확실치 않은데 무슨 잠꼬대 같은 헛소리를 하느냐고 말할지도 모른다.
　그러나 내가 '제3의 눈'이 존재한다는 사실을 누구나 확인할 수 있을 뿐만 아니라, 그 영안(靈眼)을 눈 뜨게 하는 방법도 최근에 개발했다고 한다면 역시 독자들의 비웃음의 대상이 될 것인가?
　그러나 비웃기 전에, 인내심을 갖고 나의 이야기에 귀를 기울여 주기 바란다.
　새벽에 일어나서 동쪽 하늘에 떠오르는 태양을 향해 두 손을 펴고 그 손바닥 등 뒤, 10센티 가량 떨어진 곳에서 두 눈을 감는다. 이때, 꼭 감은 두 눈 사이인 미간(眉間)의 위치에서 태양이 보이게 된다. 그러나 이 태양이 방출(放出)하는 빛은 보통의 육안으로 볼 때와는 전혀 다른 것이다.
　또한 태양은 하나가 아닌 여러 개로 보이게 마련이고, 대체로 둥근 원을 그리면서 움직이며, 빛은 진한 녹색인 경우가 많다. 이와 같이 태양을 향해 손바닥을 뻗친 다음, 두 눈을 감고 보는 시간이 최초의 한달 동안은 길어도 7초를 넘으면 안된다.
　태양으로부터 방사(放射)되는 방사선 에너지를 처음부터 너무 많이 받는 것은 매우 위험하기 때문이다. 특히, 두 눈을 뜬채로 직접 태양을 본다는 것은 당치도 않은 일임을 알아야 한다. 장님이 될 가능성도 있고 뇌장해(腦障害)를 일으킬 원인이 될지도 모르기 때문이다.
　손바닥의 중심을 지나고 경락을 통과해서 뇌의 구피질(舊皮質)에 까지 그 영향을 끼치는 태양 에너지는 송과체(松果體) 안에 산재해 있다고 생각되는 뇌사(腦砂)에도 특수한 영향을 끼치는데, 이것이 흔히 불교에서 말하는 사리(舍利)를 형성시키는 것이 아닌가 생각된다.
　이 사리가 이루어지면, 우주의 영계(靈界)와 신계(神界)에서 오는 여러 가지 파장을 지닌 우주선(宇宙線)을 흡수해, 뇌의 구피질에 급격한 변화를 일으켜서, 어제까지 평범했던 인간이 전혀 새로운 인종인 초인간으로 변신하게 되는 것이다. 또 사리는 일종의 검파기(檢波器)와 같은 구실도 할 수 있으므로 다양한 테레파시 능력도 갖게 된다.
　또한 그것 뿐만이 아니다. 구피질의 기능이 완전히 발달되면 몸의 신경조직이 강화되어 혈액순환이 좋아지고 그때까지 몸 안에 축적되어 있던 온갖 노폐물을 재빨리 몸 바깥으로 배출시킬 수 있게 된다.
　따라서, 이른바 신진대사가 왕성해지는데, 그때까지 중환자였던 사람은 본래 인간의 몸 속에 갖추어져 있는 자연치유력이 크게 활성화 되어, 건강을 되찾게 되는 것이다.
　여기에서, 우리들의 육체가 살아가는 과정을 다시 한번 간단하게 정리한 뒤에 이야기를 진행시켜 볼까 한다.
　사람의 마음이 건전해 자연의 질서에 순응된 생활을 하고 있을 때, 구피질에 대하여 대뇌(大腦) 신피질은 불필요하게 간섭하지 않는다. 따라서, 몸안의 온갖 기관은 구피질의 명령대로 작용하게 되고 결국 자연의 섭리대로 살아가게 되기 때문에 몸과 마음은 다같이 건강을 유지할 수가 있다.
　그러나, 인간은 다른 동물과 달리 대뇌(大腦)가 발달되어 있고 사람들은 저마다 개성을 갖고 있기 때문에, 많은 욕망의 노예가 되기 쉽다. 이 때문에 구피질은 항상 대뇌로부터의 간섭을 받게 되기가 쉬운 것이라고 할 수 있다. 따라서 사람에게 여러가지 질병이 발생하는 것과 능력의 저하를 가져오는 것은 모두가 마음에 원인이 있다고 생각이 되는 것이다. 그러나, 특수한 방법으로 구피질의 능력을 완전히 개발하게 되면 이번에는 반대로 건전하게 된 육체의 작용에 의해 마음이 그 영향을 받게 된다는 것이 나의 생각이다.

 여기에서 다시금 태양을 응시하는 이야기로 화제를 돌려볼까 한다.

 부단한 훈련의 반복을 통해, '제3의 눈'[시력(視力)]이 개발되면, 손바닥을 필터로 쓰지 않고 직접 그대로 두 눈을 감고 보아도 빛나는 태양을 진한 녹색으로 볼 수 있게 된다.

 우리가 육안(肉眼)으로 보는 태양은 우리들의 육체에 해당되는 태양이고, 두 눈을 감고 보이는 태양, 말을 바꿔서 표현해 마음의 눈인 '제3의 눈'으로 보는 태양은, 사람으로 말하면 유체(幽體) 또는 영체(靈體)에 해당되는 태양의 진짜 모습인 것이다.

 또한 잠시 동안, 계속해서 두 눈을 감은 채 보게 되면, 진한 녹색으로 빛나는 태양이 빙글빙글 돌면서 차차 작아져서 마침내는 사라져 버리고 만다.

 그 이유는 무엇일까? 나는 이 문제에 대해 여러가지 연구를 거듭한 결과 하나의 결론을 얻을 수가 있었다.

 즉, 뇌의 송과체 안에 있는 사리에 완전히 충전이 되면 '제3의 눈'이 감겨지고, 동시에 태양에서 방사되는 에너지를 거부하기 때문이 아닌가 생각되는 것이다.

 한편, 몸이 매우 건강한 사람은 아무리 두 눈을 감고 태양을 보아도 전혀 아무 것도 보이지 않는 경우가 있다. 이것은 이미 구피질에 완전히 충전되어 있기 때문이다. 태양에서부터 방사되는 에너지를 손바닥 중심에 있는 심포경(心包經)을 통해 뇌의 구피질에 완전히 충전하면 몸이 가벼워지면서 힘이 넘치는 것을 느낄 수가 있다.

그렇다고 해서, 태양의 에너지를 받아들일 뿐 이것을 전혀 쓰지 않게 되면 오히려 피곤감을 느끼게 된다. 그뿐만 아니라, 간장(肝臟)에 여러가지 장해가 일어날 가능성이 많다. 사실 나의 제자 가운데, 태양의 에너지를 욕심껏 흡수만 한 나머지 간장이 굳어진 예가 있는 것이다. '무슨 일이거나 지나친 것은 못미치는 것보다 못하다'는 말은 고금(古今)의 진리임을 깨달아야 한다.

인간의 몸은 언제나 음양(陰陽)의 에너지가 균형을 이루고 있지 않으면 안되는 것이며, 에너지를[이 경우는 양기(陽氣)라고 할 수 있다] 너무 많이 축적만 하고 쓰지 않으면 건강이 아주 나빠진다는 사실을 꼭 기억해 주기 바란다.

몸에 태양 에너지가 너무 많이 들어 왔다고 생각될 때, 손바닥을 아래로 향하게 하면서 '옴' 진동을 일으키면, 에너지는 또다시 몸 바깥으로 방출된다. 이때는 손바닥으로부터 산들바람과 같은 것이 나가는 감각을 느낄 수가 있다. 이와 같은 훈련을 1년 이상 계속하게 되면, 두 눈을 뜬채로도 똑바로 태양을 볼 수 있게 되는 것이다.[훈련이 되어 있지 않은 사람이 이와 같은 흉내를 내면 결막염을 앓게 된다. 혹시 운(運)이 나쁘면 아주 장님이 될 가능성도 있음을 꼭 기억해주기 바란다.]

어쨌든, 잘 훈련된 사람은 두 눈을 감지 않고도 하늘에 걸려 있는 태양의 원반(圓盤) 모습을 똑바로 볼 수 있게 된다. 심안(心眼)[또는 유체(幽體)의 눈]이 개발되고 강화되면,

우리 육안의 시력도 강해져 두 눈에서 빛을 발하게 된다.
 심한 근시로 썩은 생선의 눈과 같은 인상을 주는 사람들은 너무 눈 앞의 일만 보고 사물을 있는 그대로 보지 못하며, 먼 미래를 생각할 수 없는 경향을 갖고 있게 마련인데, 이와 같은 성격의 결점을 수정시키는데는 매우 좋은 방법인 것이다.
 육안(肉眼)과 영안(靈眼)인 '제3의 눈'은 서로 밀접한 관계를 갖고 있기 때문에, 마음의 눈이 개발되고 강화되면 육안의 능력도 좋아진다는 것은 너무나도 당연하다.
 요가의 철학에서도, 사람의 몸에는 일곱개의 '챠쿠라'가 있으며, 등뼈의 제일 밑에 있는 '군다리니'에 영화(靈火)를 일으켜서, 일곱개의 '챠쿠라'에 차례로 불을 붙이면서 제일 위의 '챠쿠라'까지 눈뜨게 할 수가 있으면 초인(超人)이 된다고 했다.
 그러나 나의 생각으로는, 두 손의 장심(掌心)도 중요한 '챠쿠라'라고 본다. 이 '챠쿠라'를 개발하면 눈에 보이지 않는 태양 에너지를 장심을 통해 흡수해, 뇌의 구피질에서 퇴화된 (또는 진화되지 못하고 있는) 부분을 훌륭하게 개발할 수 있다고 생각한다.
 나 자신도 몇년 전까지는 아주 평범한 인간이었다. 더구나 남달리 병약했었기 때문에 지금까지 이야기해 온 것과 같은 방법에 의해, 그때까지 상상도 할 수 없었던 다양한 초능력을 개발하고 터득한 것이며, 매일 나를 찾아오는 수 많은 사람들에게 커다란 도움을 주고 있는 것이다. 그 뿐만 아니라, 나의 도움을 받아서 초능력자로서 변신한 사람들도 많다.
 옛날 도인(道人)들은, 엄격한 금욕생활(禁慾生活)을 통해 저장된 생명력(生命力) [생식작용에 쓰여지는 에너지라는 뜻]을 밀교(密敎)의 형태로 전해 내려오고 있는데, 이것이 보통 사람들에게는 너무나 큰 희생을 요구하는 일이기 때문에 거의 불가능에 가까운 수련방법이라고 할 수 있다.

첫째, 너무나도 시간이 오래 걸리고 오늘날처럼 공해가 많은 주위 환경 속에서 오직 호흡법에 의해 대기(大氣) 속에 흩어져 있는 '푸라나'(우주의 기운)를 빨아들인다는 것은 너무나도 어려운 일이라고 생각되기 때문이다.

또한 옛날과 달리, 무신론자(無神論者)들이 많아진 세상일뿐만 아니라, 죽어도 유계(幽界)로 가지 않고 이승에 남아있는 지박령(地縛靈)이나 부유령(浮遊靈) 등이 우리들 주변에 너무나 많기 때문에 함부로 단전호흡을 한 결과 이들 악령에게 사로잡히게 되면 매우 심각한 문제이다.

나를 찾아온 사람들 가운데는, 적절한 선생의 지도없이 자기 멋대로 단전호흡을 해서 빙의된 사람도 많았고 단전 때, 빙의된 영(靈)을 제령(除靈)하는 것은 보통의 영능력자(靈能力者)로서는 매우 어려운 일이라는 것을 나는 몇번이나 몸소 경험했다.

일류 대학을 졸업한 우수한 청년이 이 때문에 자살한 예도 있다. 그렇다고 해서 요가라든가 밀교의 수련이 전혀 필요없다는 이야기는 물론 아니다.

사람들은 저마다 인연이 다르기 때문에 오히려 재래식 방법이 좋은 결과를 가져 오는 수도 있다.

나는 내 자신이 개발한 방법만이 유일한 해결법이라고 주장할 생각은 조금도 없다. 여행할 때도 관광 버스를 이용하는 것을 좋아하는 이가 있고, 시간이 단축되는 비행기 보다는 한가한 선박여행이라든가 기차여행을 즐기는 사람들이 많은 것과 마찬가지로 저마다의 취미를 나는 누구보다도 존중하고 있다. 그러나 이것만은 분명하다고 생각한다.

재래식 방법은 오랜 시간이 걸리고 또한 요즘 우리네 평범인의 생활로서는 거의 불가능에 가까운 수련을 통해 달성되는 방법이기 때문에 일반성이 없다는 것이다.

따라서 내가 발견한 태양광선을 이용, 6개월이나 약 1년 걸려서 '제3의 눈'을 완전히 개발하게 되면, 아래쪽을 향해 차례로 '챠쿠라'를 눈뜨게 할 수 있는 것이다.

요가라든가, 밀교(密敎)의 가르침에 의하면, '챠쿠라'는 우선 '군다리니'의 영화(靈火)를 눈뜨게 하고, 그 불꽃이 등뼈 속에 있는 '스슘너' 관(管)을 통해 위로 올라가면서 차례로 불을 붙이게 되어 있다.

그러나, 내가 연구한 방법은 그 반대가 되는 것이다.

한편, 두 손바닥 중심에 있는 장심(掌心)으로부터 태양에너지를 흡수하면서, 입으로는 '옴'진동을 일으켜서 몸 속의 기(氣)를 경락을 통해 순환시키는 특수한 기순환운동[(氣循環運動) : 필자가 연구한 일종의 체조임]을 매일 반복하면, 몸 안에 그때까지 저장되어 있던 노폐물질이 이때 일어나는 전자파 운동에 의해 연소 기화(氣化)되어, 손바닥과 발바닥에서의 배출이 가능한 특이한 체질로 변하게 된다.

이와 같은 체질이 변화되어 가는 과정에서 일어나는 현상은 다음과 같다.

심하게 목이 말라 많은 물을 마시게 된다. 가스가 항문으로 많이 나오게 되고 대변은 검은 빛을 띠게 되어 심한 구린내를 내게 된다[이것은 그때까지 뱃 속에 남아 있던 숙변(宿便)이 전부 나온다는 뜻이다].

배가 거의 고프지 않고 몸 무게가 아주 가벼워진다. 나의 경우는 73킬로였던 몸무게가 60킬로로 줄었다. 그리고 손바닥에서는 야릇한 향내가 나게 된다. 특히 아침에 일어났을 때 가장 많이 향내가 나는 것 같다. 이 향내는 몸의 피하지방산(皮下脂肪酸)이 연소되는 과정에서 나오는 것이라고 생각된다. 이 향내가 좀 더 진하게 되면 화장터에서 시체를 태울 때 나는 냄새처럼 된다. 그리고, 이와 같은 과정을 통해 우리들의 유체(幽體)가 강화되는 것이다.

  여기에서 또 하나 최후의 공해를 물리치는 방법으로서 나는 '옴 진동수'의 장기복용을 권유하고 싶다. 이렇게 말해도 독자 여러분들은 '옴 진동수'가 무엇인지 이해하기가 어려우리라고 생각된다. 그래서 장(章)을 바꾸어서 '옴 진동수'의 원리를 좀 더 자세히 설명하려고 한다.

제 3 장
기적의 생명수 — '옴 진동수'

1. '옴 진동(振動)'의 비밀

 인간이란 누구나 알고 있듯이 육체와 영혼을 갖고 있는 존재이다. 필자가 지금까지 심령과학자로서 추구해 온 '행복'이란 개념은 어디까지나 마음에 속하는 문제인 것일뿐, 몸(육체)에 관한 문제는 아니었다. 그러나 건강한 몸에 건강한 마음이 깃들인다는 속담과 같이, 몸이 병약할 경우 인간은 결코 행복해질 수 없는 것이다.
 환언하면, 몸이 매우 건강하게 될 때 마음도 행복해 질 수 있는 가능성은 좀 더 커지는 것이다. 그래서 이번에는 몸을 깨끗이 하고, 유체(幽體)와 영체(靈體)와 상념체(想念體)를 깨끗이 함으로써 행복해질 수 있는 또 다른 방법을 여러분들에게 알려 주고자 한다.
 우선, 먼저 필자는 여러 해에 걸쳐서 연구해 온 바 있는 옴 진동수(振動水)의 효용에 대해 설명하고저 한다. 지금까지 행복을 추구해 온 것과는 조금 접근 방법이 달라진 것이다.
 지금까지는, 마음의 상태를 어떻게 유지하느냐에 따라서 '행복'이 당신 것이 될 수 있다는 것을 설명해 왔지만, 이번에는 필자가 직접 그 원리를 발견하여 창조한 '옴 진동수'를 마심으로써 몸과 의식 양쪽에 행복을 가져 오는 새로운 방법을 밝혀보려는 것이다.

인도 요가의 경전(經典)을 연구하여 깨닫게 된 것인데, 창조주이신 하나님께서 천지를 만드시고 우주를 창조하셨을 때, 제일 처음 언령(言靈)으로서 말씀하신 것이 다름아닌 '옴 진동'이었다는 것이다. 따라서 '옴'은 창조주이신 하나님의 이름이라는 설도 있고, 또한 우리의 지구가 회전하면서 내는 우리들의 귀에는 전혀 들리지 않는 소리도 '옴 진동'이며, 온갖 물질은 기본적으로 진동하는 입자(粒子)로 구성되어져 있는데, 그 중심이 '옴 진동'이라는 주장도 있다.

또, '옴'은 그리스도교에서는 '아아멘'으로 회교(回教)에서는 '아아민'으로 변성되었다는 학설도 있다.

갓난애가 이 세상에 태어나서 처음 말을 배울 때, 먼저 입으로 하는 말도 '옴'이 변형된 '엄마'이며, 한국에서는 이것이 유아어(幼兒語)인 어머니라는 뜻으로 쓰여지고 있는 것이다.

서양의 고대유적(古代遺跡)에서도 '옴'이라는 표시(標示)는 수없이 발견되었지만, 그 말이 나타내는 참 뜻이 무엇인지 오늘날까지도 수수께끼가 되어 왔다.

불교의 경전(經典)에서도 '옴'은 진언(進言) 가운데서도 최고의 진언이라고 전해 왔으나, 일반 대중들은 그 뜻을 잘 모르고 있다.

'옴' 진언의 참 뜻이 무엇인가를 바르게 깨닫고, 정확한 '옴'진동음을 발성하게 되면, 그 진동음을 쪼인 생수는 그 순간부터 생명자기(生命磁氣)를 띠운 중수(重水)인 생명수로 변하고, 그 '옴 진동수'를 매일 일정한 분량, 일정한 기간 계속해서 마시게 되면 거의 모든 질병이 완쾌될 뿐만 아니라, 깨달은 인간이 된다는 기록을 필자는 요가의 경전에서 찾아냈던 것이다. 그리하여 과거 실험 연구해 본 결과, 경전에 기록

된 말씀들이 하나도 거짓말이 아니라는 사실을 굳게 믿기에 이른 것이다.

우리가 살고 있는 이 물질 우주의 기본원소(基本元素)는 수소이고, 온갖 지구의 생명체에 있어서 물은 그 체액(體液)의 기본을 이루고 있으며, 물이 없이는 잠시도 목숨을 지탱할 수 없음을 누구나 다 잘 알고 있는 사실이다. 그러니까 몸 안의 수분이 항상 생명수로 가득 채워져 있다면 그 결과가 어떻게 될것인가는 명백한 일이다.

그러면 이제부터 또 다른 각도에서 이 문제를 생각해 보기로 한다.

모든 물질은 원자(原子)로서 이루어져 있고, 그 원자는 원자핵(原子核)과 그 원자핵 속에 있는 양자(陽子), 핵 바깥을 돌고 있는 전자(電子)[그밖에 중성자도 있지만 여기서는 약한다]에 의해 구성되어 있다. 또한 원칙적으로 양자(陽子)와 전자(電子)의 수효는 같다고 한다. 그런데, 양자는 플러스 전기를 띠우고 있고, 전자는 마이너스 전기를 띠우고 있다.

양자의 수효는 언제나 변화가 없지만, 전자는 경우에 따라서 그 수효가 증가하는 경우도 있고 감소되는 경우도 있다. 원자핵(原子核)의 바깥을 돌고 있는 전자의 수효가 늘면 그 물질은 음전기(陰電氣)를 띠우게 되고, 전자의 수효가 원자핵 안에 갇혀 있는 양자보다 적어지면 그 물질은 플러스 전기를 띠게 된다.

온갖 에너지 활동은 마이너스 전기를 띠운 전자가 소멸되는 과정에서 얻어지는 것이라고 한다. 이 말은 곧, 건강한 사람은 체액(體液)이 약한 알칼리성을 띠고 있으므로 음전자가 많은 원자(原子)로써 이루어져 있는 것이며, 이와 반대로 몸 안에 유독 가스[즉, 음전자가 적은 원자로 구성된 입자

(粒子)]가 가득차서 체액이 오염되어, 이른바 산성체질(酸性體質)이 되어 있을 때는, 음전자가 적은 원자(原子)에 의해 몸이 구성되어 있는 상태인 것이다.

이와 같은 기본원리를 이해한 다음에, '옴 진동'을 쪼인 물이 어떻게 변화를 가져 오는가를 조사해야 된다.

1976년 12월 27일, 한국 국립보건연구원에서 필자가 발견한 '옴 진동수'를 분석해 보았던바, PH 7.4[약(弱)한 알칼리성(性)]이며, 대장균이 하나도 없음이 밝혀졌다.

필자가 보관중인 과거 15년 동안에 걸친 약 5만명 이상의 시험자료에 의하면 '옴 진동수'가 지니고 있는 물리적인 성질과 그 효과는 다음과 같다.

첫째, '옴 진동수'는 보통 물보다 차겁고 섭씨 0도에서는 절대로 얼지 않는다. 영하 3도에서 5도 이하가 되면 비로소 얼기 시작하는 것이다.

또한, 보통 생수(生水)보다는 약간 무거운 느낌이 있다. 이것은, 이른바 중수소(重水素)로 구성된 중수(重水)로 변하기 때문이 아닌가 생각된다. 인공적인 방법으로 중수를 만드는데는 막대한 경비와 복잡한 시설이 필요한 법인데, 단순히 '옴 진동'을 쪼였을 뿐으로 중수소(重水素)로 구성된 중수가 아주 간단하게 만들 수 있다고 한다면 과학적으로 보아서 그것만도 대단한 일이라고 생각된다.

어떤 한국의 환자가 시험한 바에 의하면 3천그램의 물이 '옴 진동'을 쪼인 뒤에 30그램 가량 무거워졌다는 보고가 있다. 이것은 필자가 입회하여 확인한 것은 아니며, 또한 어떤 중량계기(重量計器)를 썼는지 분명하지 않지만, 이 밖에도 '옴 진동수'의 무게를 어느정도 증가된 사람들은 많다.

그들 가운데에는 이름있는 시험소에서 테스트한 사람들도

있고, '옴 진동'을 몇번이고 반복함으로써 물이 더욱 더 무거워졌다는 보고도 있다.

  필자가 경영하는 연구원의 준회원들 가운데에는 호기심이 강한 분들도 많고, 또한 반신반의의 마음으로 준회원이 된 분들도 많다. 이와 같은 사람들은 물의 무게가 변하는 것을 직접 확인한 뒤에 안심하고 '옴 진동수'를 마시게 되었다고 보고하고 있다.

  그러나 이와는 반대로 '옴 진동수'를 만드는 사람이 강력한 염력(念力)의 주인공이지만, 부정적인 상념(想念)을 갖고 실험했을 때 무게에는 아무런 변화가 나타나지 않았을 뿐만 아니라 물은 약한 알칼리성도 띄지 않았다고 했다. 처음에는 '옴 진동수'가 지닌 특성같은 것이 전혀 없는 보통 생수였으나 긍정적인 상념(想念)을 갖고 만들었던바, 분명히 '옴 진동수'로 바뀌었다는 보고도 있다.

  이와 같은 현상을 볼 때, '옴 진동수'는 염력(念力)과 깊은 상관관계가 있는 것이다. 또한 '옴 진동수'는 유독 가스와 결합하는 힘, 즉 유독 가스를 흡수하는 성질이 보통 생수와는 전혀 다르다는 것도 확인되었다.

  자살하려고 액체로 만들어진 독약(쥐약)을 다량으로 마셨는데, 병원에서는 도저히 살릴 수 없다고 단정을 내린 여인이(4시간 안에 죽는다고 했다.) '옴 진동수'를 상당량 마심으로써 구조된 예가 있다.

  또한 술을 많이 마신 뒤, 농약을 다량으로 마셔서 다 죽게 된 사람이 '옴 진동수' 복용에 의해 목숨을 건졌을 뿐만 아니라, 그뒤 아무런 부작용이 없었다는 보고도 있다.

  어느 전기상회의 종업원이 커다란 양은 주전자에 '옴 진동수'를 만들어 놓고 뚜껑을 닫지 않은채 외출했다가 저녁 때

돌아와 보았더니, '옴 진동수'는 그대로 황산수(黃酸水)로 변해 있었다는 보고도 있다.

그가 일하고 있는 곳은 하루종일 자동차가 많이 다니는 큰 길가였으므로 많은 자동차에서 배출되는 아황산 가스가 강력하게 흡수된 결과, 이와 같은 현상이 일어난 것이 아닌가 생각한다.

공기가 오염된 곳에서 '옴 진동수'를 장시간에 걸쳐 공기에 노출시켰을 때, 이와 같은 변화가 일어난 반면, '옴 진동수'를 유리병 속에 넣고 뚜껑을 닫아 두었더니, 여름철이었는 데도 불구하고 두달 동안 썩지 않았다는 보고도 있다.

'옴 진동수'를 처음에는 필자가 직접 만들었거니와 2년쯤 지난 후 부터는 '옴 진동수'를 받으러 오는 사람들을 접대하느라고 하루종일 아무 일도 하지 못하게 되었다.

그래서, 이것이 단순한 물리적 진동음이 아니고, 영적 4차원적인 힘이 깃든 진동이라면 카세트 테이프에 녹음해서, 전화를 통해 보내주어도 좋지 않은가 하는 생각이 떠올라 그대로 시도해서 큰 성공을 거두었던 것이다.

그뒤, 약 1년 반에 걸쳐 전화를 통해 '옴 진동'을 보내주었던바, 약 5천명 가까운 사람들이 저마다 불치의 병에서 기적적으로 회복했던 것이다.

그런데 2년 가깝게 되었을 때, 시외전화국의 어느 교환수가 사직 당국에 필자를 이상한 진동음을 전화를 통해 전국 각지에 보내고 있는 북한(北韓)의 간첩 같다고 고발하였으므로, 필자는 사직 당국으로부터 엄한 조사를 받았고 그 결과 전화를 이용해 보내는 것은 중단되고 말았다.

필자는 이 두가지 실험 결과, '옴 진동음'이 생수에 미치는 효과에 대해 확신을 얻게 되었으므로, 그 뒤로는 카세트 테이프에 '옴 진동음'을 녹음해 준회원인 분들에게 보급하기 시작했다.

'옴 진동수'를 성인이 하루에 약 1.8리터 정도를 장기간에 걸쳐서 마실 때, 공통적으로 일어나는 반응을 조사해 보았던 바, '방구'가 수없이 많이 나온다는 것 (어느 여교사는 3시간 동안 계속 방구가 나와서 수업에 들어가지 못한 예도 있다), 수면제를 복용한 것처럼 졸려서 못견딘다는 것.(어느 정신병 환자는 18년 동안 고생한 분으로 완치는 불가능하다고 병원에서 선고를 받았던 사람인데 72시간 동안 계속해서 잠을 잔 뒤, 그 후 깨어났을 때는 완전히 정상인이 되었고, 그뒤 재발하지 않은 예도 있음), 비만증으로 고민하던 사람들인 경우는, 거의 예외없이 한달 동안 별다른 어려움 없이 10킬로 이상 살이 빠진 예가 많다는 것 등이었는데, 이것은 필자의 경우가 가장 좋은 예라고 생각된다.

73킬로에서 60킬로로 체중이 가벼워졌고 그후 부터 오늘에 이르기까지 그 체중을 유지하고 있다.

또, '옴 진동수'를 마시면 전혀 공복감이 느껴지지 않고 하루에 한끼만 먹고도 전혀 피곤함을 느끼지 않고 일을 할 수가 있는 것이다. 그리고 알콜 중독자들은 중독 증상이 심한 사람일수록 술을 전혀 마실 수 없는 체질로 바뀌는 것이다. (반대로 술이 굉장히 약했던 사람은 일시적으로 술에 강해지는 경향이 있음.)

간장에 이상이 있는 사람들은 온 몸에 붉은 반점이 돋아나게 마련인데, 이와 같은 현상은 결코 오래 계속되지 않을 뿐더러 반점이 사라진 뒤 병원에서 검진을 받게 했던바, 거의 한 사람도 예외없이 증상이 호전되었다.

중증(重症)인 간경화증(肝硬化症)으로 복수가 차서 병원에서는 회복이 불가능하다는 선고를 받고 20일내에 틀림없이 죽으리라고 했던 환자가 열심히 '옴 진동수'를 마신 결과, 만 2개월만에 완전히 정상인이 된 경우도 있었다.

많지는 않지만 간암이 좋아진 예도 있고 중증인 백혈병을 완치시킨 예도 있다.

자궁암·위암·뇌암 그밖의 온갖 암인 경우, 수술을 하지 않은 상태에서 아주 늦지만 않았다면 좋은 결과를 얻을 수 있는 것이다. 또한 최악의 경우에도[암 말기(末期)의 환자의 경우] '옴 진동수'를 복용시키고 옴 진동 시술을 하면 고통을 덜어주어, 이른바 안락사(安樂死)를 하게 된 경우가 꽤 많다.

위장 계통이 좋지 않은 사람들에게 '옴 진동수'를 마시게 하면, 완치된 사람은 반드시 설사가 일어나게 마련이며(이와 같은 경우에도 놀라지 말고 계속 '옴 진동수'를 복용해도 결코 탈수현상은 일어나지 않음) 빠르면 2~3일, 길어도 1주일 가량 지나면 설사는 자연스럽게 멎게 되고 그렇게도 고질이 었던 위장병은 완전히 좋아지게 된다.

또한 고질적인 신경통, 류마티스성 관절염을 앓고 있는 사람들은(편두통도 같다) 반드시 짧으면 2~3일, 길면 약 1주일에 걸쳐 일시적으로 병세가 악화되게 마련이어서 심한 고통을 받게 되지만, 이 기간만 무사히 통과하면 거짓말처럼 병은 완쾌되는 것이다.

또한 특정한 사람인 경우 '옴 진동수'의 복용중, 몸에서 심한 악취가 나는 사람들도 있다(중풍·뇌성마비·소아결핵 환자는 거의 모두가 이 예에 해당됨).

신경이 마비된 환자도 통증을 느끼게 되면 머지않아 마비는 해소되기 마련이다.

여기에 소개된 여러가지 예를 종합해 볼 때, '옴 진동수'는 몸 안에 축적된 온갖 유독물질(有毒物質)과 유독 가스를 가장 원활하게 몸 바깥으로 배설하도록 작용한다.

이런 과정을 통해 체액(體液)이 완전히 깨끗해져서 체질이 개선되면, 온갖 질병은 누구나 지니고 있는 자연치유 능력에 의해 완쾌되는 것이다.

2. '옴 진동수'의 원리

 그런데 여기에 또 한가지 더욱 놀랄만한 현상이 있다.
 '옴 진동수'를 장기간에 걸쳐 일정한 분량을 마시고 있노라면 그 사람의 성격과 상념(想念) 자체에도 커다란 변화가 일어나는 것이다.
 편협했던 사람의 마음이 너그러워지고 어리석었던 어린이가 똑똑해지며 뇌성마비(결핵성 뇌막염을 앓은 뒤)로 말도 하지 못하고 걷는 것도 불가능했던 아이가 병을 앓기 전처럼 똑똑해지고 아무런 부자유없이 걷게 된 예도 있다.
 시각신경마비(視覺神經痲痺)〔고혈압에 의한 뇌출혈(腦出血)때문에〕였던 중년의 환자가 갑자기 눈이 보이게 되었을 때는 필자도 경탄할 수 밖에 없었다.
 여기에서 특기할 것은, 호색한(好色漢)으로서 오입쟁이었던 사람들이 어느날 갑자기 그 비정상적인 강한 성욕이 갑자기 단백해져서 자기 아내 이외의 여성에게 그다지 관심을 갖지 않게 된 경우도 있다. 이것은 정말 놀랄만한 현상인 것이다.
 다만, 이 경우에도 성욕만 단백해졌을 뿐이고, 성교 능력은 오히려 좋아져서 부인과의 금실은 전보다도 더 좋아진 경우가 있었다.

이러한 여러가지 실험적인 임상예로 볼 때, '옴 진동수'를 복용하면 몸에 해로운 일체의 식품에 대하여 몸이 알레르기성 체질로 반응을 나타낼 뿐만 아니라, 심령적으로 좋지 않은 일에 대해서도 거부반응을 일으키는 체질로 확실히 변하는 것 같다.

바로 이혼하기 직전이었던 어떤 부부가 약 100일 동안 '옴 진동수'를 마신 뒤에는 완전히 성품이 바뀌어 지금은 아주 금실좋은 부부로 변신하게 된 예도 많다.

이것은 몸 안의 체액이 '옴' 진동과 똑같이 조화된 결과, 마음도 같은 파장을 갖게 된 때문이라고 생각된다.

지금 필자가 살고 있는 한국을 비롯하여 일본·미국·중동지방(中東地方) 그밖의 나라에는 약 4만세대 가까운 사람들이 '옴 진동수' 복용 가족으로 등록되어 있으며, 회원 증가와 함께 필자는 날로 젊어지고 있고 60세가 넘었는데도 40대의 모습과 30대의 체력을 지니고 있으며, 한편 '옴' 진동음을 발성(發聲)하는 영능력·초능력도 한층 강력해지고 있음을 스스로 느끼고 있다.

특히, 이것은 필자에게만 일어나고 있는 현상이 아니며, 열렬한 '옴 진동수' 복용 가족 모두에게 같은 현상이 일어나고 있다.

이같은 현상은 똑같은 '옴 진동수'를 마심으로써 영적(靈的)으로 우주의식에 동조(同調)된 결과인 것이다.

체질이 정상이면 성격도 정상인이 된다는 수 많은 예를 관찰해 볼 때, 인간의 마음이 몸에 영향을 끼치듯 몸도 마음에 커다란 영향을 줄 수 있음을 알 수 있다.

이것은, 바로 육체를 깨끗이 하면 상념(想念)도 깨끗해진다는 뜻이 아닐까?

당뇨병·고혈압·저혈압·재생불능성 빈혈·백혈병·각종의 암·자율신경실조증·중풍·통풍·완고한 견비통·각종 신경통, 그 밖의 여러가지 마비성 환자(痲痺性患者)가 완쾌된 예, 노이로제 환자를 비롯한 완고한 정신분열증·자폐증(이 병은 대부분의 경우, 빙의령에 의한 질병이기 때문에, '옴 진동수'를 마시는 것만으로는 미흡하며, '옴진동'시술, 그 밖에 필자로부터 직접 제령시술을 받을 필요가 있다고 생각된다. 물론 '옴 진동' 복용과 진동시술을 스스로 100일 동안 계속한 뒤의 이야기이다.) 등이 완쾌된 예는 헤아리기 어려울 정도로 많다.

현대의학이 수많은 질병을 완치시킬 수 있는 것은 사실이지만, 환자의 비정상적인 성격을 획기적으로 개조시켰다든가, 저능아(低能兒)를 어느 정도 정상인이 되게 하였다거나 하는 이야기는 아직 들어보지 못했다.

필자는 이상 설명한 것과 같은 뚜렷한 결과를 직접 스스로의 눈으로 확인하고 우리들 인류에게는 분명히 밝은 미래가 있음을 굳게 믿게 된 것이며, 과거 수천년에 걸친 수많은 종교인들의 끝없는 노력과, 또한 오늘날 넓게 교육이 보급되었음에도 불구하고 오늘날에 이르기까지 해결되지 못한 인간의 정신과 육체를 완성시킨다는 매우 어려운 문제가 해결될 것으로 믿게 되었다.

특히 '옴 진동수'는 '옴'진동 테이프에 의해 만들 수가 있다는 것이 이미 증명되었으며, 또한 공장에서 대량으로 생산하는 방법도 이미 개발되었다. 앞으로는 공장에서의 대량생산도 가능할 것으로 생각한다.

그리고, 이것은 또다른 이야기지만 공장에서의 '옴 진동수'

제조과정에는 특수한 공정이 있고, 그 이론과 실제는 이미 확인된 바 있으나, 여기에서는 구체적으로 밝힐 수 없음을 매우 유감스럽게 생각한다.

어쨌든, 4차원적인 힘, 즉 영적인 힘을 현대적인 공업기술에 접목시켜 활용할 수 있다는 것은 바로 하늘이 내려준 복음(福音)인 것이며, 실로 놀랄만한 일이 아닌가 생각된다.

필자가 한국 안에 있는 어느 음파연구소(音波硏究所)에서 시험한 바에 의하면, 보통 사람들이 이야기할 때의 음파(音波)는 대체로 4.5 전후인데 비해 '옴 진동음'은 12.5라는 데이터가 나왔고, 또한 오실로그래프(oscillograph)라는 기계로 측정한 바에 의하면 '옴 진동'은 800싸이클, 3000싸이클, 8000싸이클, 그밖의 측정이 불가능한 X싸이클, 이 4가지 파장으로 이루어져 있는 것이 밝혀졌다.

이 실험을 맡아주신 분은 음파연구를 위해 미국 유학까지 다녀온 분이기 때문에 그의 말을 믿을 수 밖에 없다고 보는데, 권총의 발사음까지 완전히 흡수되도록 특수장치가 되어 있는 방 안에서도 '옴 진동음'은 전혀 소리가 흡수되지 않고 보통 환경 조건에서 내는 것과 똑같은 강력한 진동음을 낸다는 것이 직접 확인되었다. 그래서 그 후에는 '옴 진동음' 속에 보통 사람 귀로는 전혀 들을 수 없는 무엇인가 4차원적인 영적인(일종의 초음파) 음파가 포함되어 있는게 아닐까 생각하게 되었다.

'옴 진동수'는 앞에서도 이야기한 것처럼 어른의 경우, 대체로 하루 평균 1.8리터 정도의 '옴 진동수'를 열번 정도로 나누어 마실것을 권장한다. 한꺼번에 1.8리터를 마신다는 것은 매우 위험하다(폐속에 물이 고여서 수술로서 간신히 목숨을 건진 예도 있다). 특히, 신장염을 앓고 있는 사람은 소량의 '옴 진동수'를 하루에 20회 이상 나누어서 마실 것을 권장한다.

또한 '옴 진동수'를 도저히 마실 수 없는 사람은 진한 보리차를 만들어서 식힌 다음 '옴 진동수'와 섞은 뒤, 다시 한번 '옴 진동'을 쪼여서 마시면 좋을 것이다.

어린이의 경우, 15세 이하는 대체로 어른들의 3분의 2를, 10세 이하는 어른의 반 이하를 마시는 것이 바람직하다.

그런데, '옴 진동수'를 마시기 시작하면 앞서 이야기한 것처럼 방구가 자주 나온다든가, 졸려서 못견디게 된다든가, 몸에서 이상스러운 악취가 나온다든가 그밖에도 여러가지 증상이 나타나게 마련이다.

예전에 앓았던 병이므로 자기는 현재 완치되었다고 생각했던 신경통이 갑자기 재발되고, 그때문에 놀라서 옴 진동수의 복용을 중단하게 되는 예도 많다.

이런 증상이 일어나는 까닭은 아직도 질병의 뿌리가 완전히 제거되지 않았던 것이 '옴 진동수' 복용에 의해 표면에 나타난 때문이라고 할 수 있다. 물론, 인내심을 가지고 계속 옴 진동수를 마시게 되면 어느덧 몸은 정상으로 돌아가게 마련이다.

망령(亡靈)이 빙의되었던 사람인데 처음 발병했을 때, 정신병원에서 장기간 치료를 받아 표면상으로는 병이 완쾌되었던 사람이 '옴 진동수'를 마시기 시작하면서 갑자기 병이 악화되자, '옴 진동수'에 마귀가 붙어 있다고 큰 소동을 일으킨 예도 있다.

이것은 환자의 몸에 붙어 있는 망령(亡靈)이 고민하다가 어떻게 해서든 '옴 진동수'를 마시지 않게 하려고 재주를 부리는 현상이라고 할 수 있다. 그러므로 이러한 때, 중단시키면 제령(除靈)은 영원히 불가능해지고 만다.

환자 자신은 여러가지 증상이 나타나 괴로움을 호소하지만, 얼굴빛도 좋아지고 기운이 난 듯한 모습이 보이면 '옴 진동수'가 정상으로 몸 속에서 작용하기 시작했다고 보아도 된다.

한편, '옴 진동수' 장기복용 회원과 준회원들에게 보내 주고 있는 엑스트러 스피커에 의해 옴 진동 치료를 한다면, 대부분의 중병은 100일에서 150일 사이에 좋아지게 된다.

간질병 환자인 경우에는 발작이 좀더 자주 일어나게 되나, 그 발작 시간이 점점 짧아지게 되면, 완쾌될 가능성이 있다고 보아도 된다.

각종 뇌성마비나 중풍때문에 반식불수라든가 전신마비가 된 사람들은 거의 대부분 심한 변비가 있기 마련인데, 우선 옴 진동수 복용과 더불어 변비가 없어지면, 내장의 장신경(腸神經)이 활성화 된 증거이므로 오래지 않아서 마비가 풀릴 좋은 징조라고 볼 수 있다.

그리고 다음에는 온 몸에 가려운 증상이 나오기 쉽다. 이때는 목욕물을 따뜻하게 데우고 '옴 진동'을 쪼인 뒤 목욕해 주기 바란다. 그러면 가려운 증세가 없어지게 된다. 온 몸의 마비가 풀리기 전, 피부의 감각이 먼저 살아나야만 하는데, 이때 가려운 증상이 나타나면 안심해도 된다.

'옴 진동'을 쪼인 따뜻한 물로 목욕하면 피부의 땀구멍을 통해 그때까지 몸 안에 고였던 나쁜 가스가 몸 밖으로 나오게 됨으로 곧 정상화 되는 것이다.

한편, 사람에 따라서는 마치 시체에서 나오는 것과 같은 고약한 냄새가 며칠간 계속해서 나오는 수가 있는데, 이것은 빙의되었던 망령(亡靈)이 자연이탈(自然離脫)할 때 일어나는 현상이다.

어쨌든 지금까지 20여년 동안 10여만명에 이르는 많은 중병 환자들을 취급한 임상경험에서 볼 때, '옴 진동수' 복용으로 가장 좋은 효과를 얻은 것은, 첫째가 당뇨병·폐결핵·각종 위장병·신경통·두통·변비 등이었다.

당뇨병의 경우를 예를 들면, 27년 동안이나 고생한 중증의 74세 된 여의사(주 : 이분은 어렸을 때 필자의 담당의사였던 분이었음)님이 150일간 복용으로 완치되어 현역에 복귀하고 건강을 회복한 극단적인 실례도 있다.

재생불능성빈혈(再生不能性貧血)이라든가, 백혈병 같은 난치병도 기적적으로 완쾌된 일이 있으며, 암도 수술을 받지 않았다면, 비교적 중증환자(重症患者)인 경우 완쾌된 예도 많다.

특히, 위암이라든가 자궁암인 경우에는 비교적 쉽다고 할 수 있다. 간장암도 복수(腹水)가 빠지지 않고 중태였던 환자가 '옴 진동수' 복용과 스피커를 이용한 '옴 진동' 치료를 받음으로써 완쾌되어 그 뒤 2년 동안 자주 해외여행을 다녀왔고 건강하게 사회활동을 했었는데 너무나 바빴으므로 '옴 진동수'를 마시는 것을 그만둔 지 6개월 후, 다시 병이 재발하게 된 예도 있다. 이러한 실례에서 보듯이, 암 환자를 비롯한 이른바 난치병 환자로서 '옴 진동수' 복용에 의해 건강해진 사람은 일생동안 '옴 진동수'를 마셔야 한다고 생각한다.

왜냐하면, 난치병에 걸리게 되는 체질을 선척적으로 갖고 있는 데다가 잘못된 식생활이나 그밖의 나쁜 습관을 개선하지 않고 '옴 진동수'의 복용을 중단하면, 다시 본래의 나쁜 체질로 되돌아 가기 때문이다.

3. 의식혁명이 가능한 '옴 진동수'

'옴 진동수'를 오랜 기간에 걸쳐 열심히 마시면, 육체·유체·영체가 정화되고 발달되며, 그 결과로서 상념체(想念體), 이른바 마음의 본체(本體)도 정화되어 어느덧 자기도 모르는 사이에 우주의식과도 동조될 수 있게 된다.

그 가장 가까운 예가 필자의 경우이다.

우주의식이 컴퓨터의 정보 뱅크라고 한다면, 필자는 그 단말기에 해당되는 존재라고 할 수 있다. 필자가 스스로의 마음에 질문을 던지면, 거의 순간적으로 그에 대한 정확한 해답이 돌아오게 되기 때문이다.

필자의 경우는 생각할 필요가 없을 뿐더러, 오히려 생각을 집중하게 되면 보통 인간으로 되돌아 오고 말기 때문에 더욱 곤란하게 된다.

지금까지 전혀 모르고 있던 비전문 분야에 대해서도 거의 순간적으로 필자는 정확한 해답을 얻게 된다. 이것은 매우 편리한 일이라고 생각된다.

책을 쓰는 경우만 해도 그렇다. 우선 가까운 예로서, 지금 필자가 쓰고 있는《행복의 발상》도 4월 1일 아침, 우주의식(宇宙意識)과 동조한 순간 목차가 저절로 쓰여졌던 것이며 불과 13일 동안에 200자 원고지 500매를 써 넘겼다.

책상에 앉으면 누군가가 머리 속에서 읽어주는 것처럼 글이 떠오르는 것이다. 그 떠오른 글을 손으로 옮겨 쓸 뿐이다.

때로는 붓끝이 따라가기 어려울 지경이다. 우주의식과 언제든지 동조할 수가 있게 되면, 멀리 떨어져 있는 사람들의 정신상태 또는 육체상태에 대해서도 정확하게 알 수 있게 됨으로, 그것을 전화로서 확인만 하면 되는 것이다.

바로, 개인용의 거대한 콤퓨터를 갖고 있는 것과 같으며, 어떤 의미에서는 전혀 비용이 들지 않는 사설방송국이나 무전국을 갖고 있는 것과 다름이 없다.

필자는 본래 이러한 초능력이 없었던 사람이었다. 한편으로는 매우 편리하기도 하지만, 어느 의미에서는 24시간에 걸쳐서 하나님으로부터 감시를 받고 있는 것 같아서 절대로 나쁜 짓을 할 수가 없는 것이다.

좋은 면도 있지만, 개인의 프라이버시라는 면에서는 약간의 문제점이 없는 것도 아니다. 그러나 하나님으로부터 보호를 받고 있다는 느낌은 굉장히 행복한 것이 아닐 수 없다.

필자 자신이 우주의 법칙을 어기는 행동을 하지 않는 한, 남에게 좋은 일을 하는 한, 절대로 나쁜 일은 일어날 수 없다는 느낌이다.

분명히 '옴 진동수'를 장기간 마시게 되면 육체의 회로(回路)가 올바르게 조정되어 우선 건강해지고, 그 다음에는 유체(幽體)·영체(靈體)·상념체(想念體)가 굉장히 발달된다.

요가 철학 책을 보면, 유체(幽體)가 발달하기 시작하면 중년 남자의 경우에도 정액이 나오지 않게 되고, 성욕으로부터 해방되어 어린이와 같은 체질로 변하게 된다고 쓰여 있는데, 바로 그와 같은 현상이 필자에게도 일어난 것이었다.

어린이가 병으로 앓지만 이른바 노화현상(老化現象)은 없다고 한다. 인간은 누구나 생식능력(生殖能力)이 생기면서 동시에 노화도 시작된다고 하는데, 이것은 곧 자손을 만들 수 있는 생식작용이 시작됨과 동시에 개체(個體)인 육체는 늙기 시작한다는 이론이다.

따라서 인간이 언제까지나 젊음을 유지하려고 할 경우, 생식능력이 발휘되기 전의 육체적 상태로 고정시키면 된다는 의학상의 이론도 설득력이 있다.

필자의 경우, 쉰살이 되던 해부터 갑자기 정액이 전혀 나오지 않게 됨과 동시에 성욕이 거의 없어졌다. 그러나 성교능력이 없어진 것은 아니다. 오히려 성교 지속능력은 조루증 증세가 심했던 젊었던 시절에 비하면 비교가 되지 않을만큼 좋아졌다.

간단하게 말해서 자유자재의 경지에 들어간 것이라고 할 수 있다. 그러나 성욕은 거의 없어졌기 때문에 마음은 언제나 편안했고 초조한 기분이 되거나, 화를 낸다거나 하는 감정이 거의 자취를 감추게 되었다.

몇번이나 기술했지만, 필자는 중년에 이르기까지 너무나도 왕성한 성욕때문에 상당히 괴로움을 겪곤 했었다. 그 때문에 강한 성죄악감을 갖게 되었고, 언제나 이같은 자기 자신에 거부감마저 느꼈다.

성욕으로부터 해방된다는 것은 정말 좋은 일이라고 생각한다. 그러나 성교 능력은 그전과는 비교가 되지 않을 만큼 좋아졌으니 이 이상 좋은 일이 또 어디 있겠는가?

마음이 항상 평화스럽고 사랑에 가득차 있기 위해서는 우선 격렬한 성욕으로부터 해방될 필요가 있다고 생각한다.

명상가(瞑想家)로 유명한 라즈니쉬가 주장하고 있는 성초월(性超越)의 경지를 가리키는 것이다.

'옴 진동수'의 장기간에 걸친 복용에 의해 육체와 유체가 정화됨과 동시에 의식혁명이 가능하다는 것은 정말 대단한 일이라고 생각한다. 모든 사람들이 우주의식과 인류애에 눈을 뜬다면 지상낙원의 건설이 절대로 가능해지기 때문이다.

4. 2억년의 진화를 가능케 하는 방법

 인류과학을 연구하고 있는 학자들의 의견에 의하면, 지금 현대의 인류는 진화가 정지된 종족이라고 한다. 아니 생물로서 진화되는 과정이 멎었을 뿐만 아니라 반대로 퇴행(退行)하고 있다는 이야기이다.
 세계적으로 증가되고 있는 미숙아・기형아・뇌성마비에 걸린 어린이의 출산이 그 좋은 예이다. 이것이 사실이라면 정말 큰 일이 아닐 수 없다. 우리네 인류가 멸망을 향해 달려가고 있음이 분명해지기 때문이다. 그러나 필자 자신은 이와 같이 주장하는 인류학자들과는 상반된 의견을 갖고 있다.
 오히려 이제부터 우리들 인류는 '별개의 존재'로서, 이른바 집단의식 생명체로서, 지금까지의 인류와는 종류가 다른 초인(超人)으로서의 새로운 길이 열려져 있다고 믿기 때문이다.
 생물학자들의 생각에 따르면, 지금의 인류가 자연 그대로의 상태에서 보다 지능이 높은 생물로 진화되기 위해서는 지정학적(地政學的)으로 적어도 2억년의 세월이 필요하다는 것이다.
 그런데 우리들 인류에게 주어진 시간은 2억년은 커녕, 앞으로 100년도 없는 것이다.

우리 인류가 하나의 생물로서 근본적으로 그 사고방식을 고치지 않는 한, 지금과 같은 형태의 문명을 유지하는 한, 20세기를 넘기기 어렵다는 것이 대부분 학자들의 공통된 생각인듯 하다.

필자도 동감이다. 한편, 아직 일반인들은 잘 모르는 이야기지만, 시간이란 중력장(重力場)과 깊은 관계가 있는 것이며, 지구 위에서의 시간의 경과와 다른 별, 또는 우주공간에 있어서의 시간의 경과는 결코 동일한 것이 아니라고 한다.

'옴 진동수'를 장기간 복용하게 되면, 그 사람의 육체를 지배하는 시간의 단위가 달라지게 되는 것이다. 몸의 오염이 제거됨으로써 육체는 몇년 전, 심한 경우에는 10년 이상 전의 육체 상태로 되돌아 가게 하는 것이 가능하다고 생각한다.

'옴 진동수'의 장기복용에 의해 뇌(腦)의 구피질(舊皮質)이 무서운 속도로 진화되는 것이다. 대체로 2년 동안 마시면, 객관적으로 볼 때 2억년에 가까운 진화가 가능하지 않을까?

제 4 장
'옴 진동수' 복용 가족들의 증언

〈증언•1〉

술·담배를 끊을 수 있었다

福岡縣粗屋郡志免町櫻 ケ丘1丁目117〜7
白澤英文

안선생님, 안녕하십니까? 세월이 지나는 것은 빨라서 제가 준회원이 된 뒤, 벌써 다섯달째가 됩니다. 빨리 증언의 편지를 쓰려고 했습니다만, 오늘도 늦어지게 되었습니다. 죄송합니다.

'옴 진동수'를 마시기 시작한 후 한달쯤 지난 5월 초에, 안선생님이 후꾸오까(福岡)에 오신다는 소식을 들었습니다. 저는 대단한 술꾼이기 때문에 안선생님과 만나는 자리에 술냄새를 풍겨서는 실례라고 생각하고, 이곳에 오시기 1주일 전부터 술을 끊으려고 결심했습니다. 그때까지, 저는 일본술을 하루에 4홉 정도 20년 이상이나 매일 마셔온 터였습니다. 여름 같으면, 일본 술 이외에 맥주도 두서너병 첨가되게 마련이니까, 몸은 줄곧 알콜에 저린 것과 같은 상태였습니다. 하루라도 술이 없으면 초조해지고 화를 잘 내게 되어 밤중이라도 비가 오거나 폭풍우가 불어닥치면 술집의 자동판매기 앞까지 달려가 사서 마시곤 했었습니다.

그와 같은 저였기 때문에, 아내는 술병을 감추게 되었습니다. 그러나 그런 아내의 노력도, 제자신이 회사에서 돌아오는 길에 술을 사서 갖고 오기 때문에 별다른 효과가 없었습니다. 그러나 마음 속으로는 술을 끊어야겠다고 매일과 같이 강하게 생각하고 있었던 것입니다. 오늘이야말로 한방울도 술을 마시지 말아야겠다고, 그야말로 아침에 회사에 출근할 때부터 마시지 않겠다고 하루종일 마음 속으로 다지곤 합니다만, 저녁때가 되고 집에 돌아올 무렵이 되면 그 신념이 흔들리게 되어, 마시지 않겠다는 마음과 마셔야겠다는 마음이 뒤엉켜서 결국 술집 앞에서 차(車)를 세우곤 했던 것입니다. 그와 같은 날들이 몇년동안 계속되어 나중에는 일종의 죄악감까지 느끼게 되었습니다.

저의 양심과 술의 마력(魔力)과의 싸움이 줄곧 계속되었던 것인데, 앞서 이야기한 바와 같이 그만두려고 결심하고 실행에 옮겼던 바, 이상스럽게도 아주 간단하게 술을 끊을 수가 있었던 것입니다. 끊으려고 해도 끊을 수가 없었고, 술로 말미암은 실패는 헤아리기 어려울 정도이며, 죽을뻔한 일조차 있는 그런 저를 술의 지옥에서 구해주신 안선생님과 '옴 진동수'에 대해 감사하고 있습니다.

그리고 담배 이야기입니다만, 부끄럽게도 이것도 20년 동안, 하루에 60개피를 피우곤 했던 것이었습니다. 60개피를 피우게 된 것은 15~6년 전부터입니다만, 어쨌든 많이 피우고 있었던 것만은 사실입니다.

'옴 진동수'를 마시기 시작한 지 석달쯤 지났을 무렵, 7월 초에 문득 담배를 끊어야겠다고 생각했고, 며칠이나 끊을 수 있을까 하는 가벼운 기분으로 담배를 끊었던 것입니다만, 놀랍게도 담배를 피우지 않아도 아무렇지 않은 것이었습니다.

피우고 싶지가 않은 겁니다. 담배를 피우는 분이라면 이해할 수 있으리라고 생각합니다만, 담배를 끊으려면 상당한 의지력을 갖고 있어도 여간해서 그만 둘수가 없게 마련이고, 더우기 몇번이나 금연에 도전했어도 대개는 그때마다 실패하게 마련인 법인데, 이러한 경험은 담배를 피워본 사람이면 거의 전부가 경험했으리라고 생각합니다.

한편, 담배를 끊고 있는 동안 마음이 초조해지고 정신적으로 불안정해지며, 위장까지 아프기 시작한다. 마침내는 피우지 않음으로써 이렇게 된다면 담배를 피우는 편이 오히려 몸에 좋으리라는 구실을 생각해 내어 다시 피우기 시작한다. 이런 분들이 꽤 있으리라고 생각합니다. 그런데 제 경우는, 그야말로 아무렇지 않게 끊을 수가 있었던 것입니다.

정신것인 고통 따위는 전혀 없었던 것이죠. 놀라운 일이 아닐 수 없었습니다.

저도 지금까지 몇번이나 금연에 도전하여 그때마다 니코친에게 지곤했던 것입니다만, 이렇게 간단하게 담배를 끊을 수 있으리라고는 상상도 하지 못했던 일이었습니다. '옴 진동수'는 과연 놀랍도다!

저는 안선생님을 알게 되어 정말로 다행이었다고 생각합니다. 술도 담배도 그대로 계속했더라면 틀림없이 몸은 빨리 못쓰게 되었을 것입니다. 아니 몸 뿐만이 아니라, 진리(眞理)를 깨닫고저 하는 그 마음까지도 못쓰게 되었을게 분명하다고 생각합니다.

서점에는 술 담배를 끊을 수 있는 방법을 쓴 책이 꽤 많이 나돌고 있습니다만, '옴 진동수' 보다 더 좋은 방법은 없지 않나 합니다. 그러니까 술을 끊고 싶다고 생각하고 있는 분이나, 담배를 그만 피우고 싶다고 생각하고 있는 분들은 '옴 진동수'를 마셔보는게 어떨까요? 저 같은 사람도 아무런 고통 없이 둘다 그만 둘 수가 있었으니까요.

저에게 있어서 고민거리였던 술과 담배가 필요치 않게 되었다는 사실은 그야말로 기적이 아닐 수 없습니다.

고맙기 이를데없는 일이라고 생각합니다.

술과 담배에 대해서 먼저 적었습니다만, 역시 다른 여러분들이 증언한 것과 같이 매우 졸려서 두 눈이 감기는 것을 억누르기가 힘 들었고 차를 운전하는 데도 애를 먹곤 했습니다. 5개월이 지난 지금은 전같지 않지만, 그래도 아직 졸린것은 사실입니다.

방구가 잘 나오고 검고 냄새나는 대변을 보곤합니다. 그러나, 최초에는 배속이 이상해서 변비가 되었다가는 설사를 하기도 하고 불안정 했었습니다.

지금은 매일 대변을 잘 보아서 여간 기분이 좋은게 아닙니다. 한편, 전에는 잘 화를 내는 성격이었습니다만, 요즘은 여간한 일로는 화를 내는 일이 없습니다. 성격이 좋은 방향으로 변화되어 가고 있는 것을 제자신도 알 수가 있습니다.

아내도 대체로 저와 같은 경험을 했습니다만, 합성세제 때문에 몹시 거칠어졌던 손의 피부가 깨끗해져서 기뻐하고 있습니다. '옴 진동수'로 손을 씻도록 애썼더니 텄던 손이 깨끗해진 것입니다.

그리고 곤히 자는 탓인지 아침에도 일찍 일어나게 되었습니다. 얼마전 까지만 해도 아주 늦잠꾸러기여서, 거의 매일 아침 제가 깨워야만 했고, '그래 가지고 아내라고 할 수 있느냐'고 꾸중한 것은 그야말로 수도 없으며, 당황해서 뛰어 일어나곤 했던 것이었습니다.

요즘은 자기 혼자의 힘으로 일찍 일어날 수 있게 되어 본인도 감탄하고 있는 실정입니다.

너무 길어져서 여기서 붓을 놓으려고 합니다만, 지난 7월에 이곳에 오셨을 때, 아내를 제령(除靈)해 주셔서 정말 고마웠습니다. 그러나 모처럼 제령은 해주셨습니다만 그 뒤 경과가 그다지 좋은 편은 아닙니다.

제령을 해 주셨으니까 좋아지리라고 아내도 저도 기대를 하고 있었습니다만, 역시 이 기관지확장증(氣管支擴張症)이라는 병은 외과적인 측면도 있어서, 아주 간단하게 치유되는 것은 아닌듯 싶습니다.

계속해서 대학병원에 가끔 가서 약을 갖다 마시고 있습니다. 그러나 '옴 진동수'의 효과를 믿고 있기 때문에, 그다지 성급하게 생각지 않고 오랜 시간에 걸쳐서 천천히 체질(體質)을 개선해 나갈 생각으로——열심히 매일 저희들 가족들은 '옴 진동수'를 마시고 있습니다.

긴 편지가 되었습니다만, 이것으로서 저의 증언을 끝내고저 합니다.

안동민 선생님 및 직원들의 건강을 기원하면서 붓을 놓습니다.

(주 : 사실은 저도 30대 초부터 10년 동안, 매우 고질적인 기관지확장증에 걸려서 몹시 고통을 받은 경험이 있다.

외과적으로 보면, 기관지가 넓어지고 그 속에 담이 고여서 숨이 막히는 것인데, 이 병은 '옴 진동수'를 그냥 마시는 것만으로는 고치기가 어렵다. 반드시 하루에 한 두번 '옴 진동'에 의한 스피커를 이용한 직접 치료를 해주기 바란다. 그렇게 하면 한때 많은 가래가 나오게 된다.

가래가 전부 나오게 되면 기관지는 먼저 모양대로 가늘어지고 병은 완쾌된다.

넓어진 기관지는 신경에 이상이 생겨서 움직이지를 않는 것이다. 그 때문에 그 안에 고인 가래가 병을 악화시키는 것인데, 기관지의 신경이 살아나게 되면 가래를 전부 바깥으로 뱉게 하는 것이다. 이 병은 앓아 본 사람이 아니면 이해하기 어려울 정도로 굉장히 괴로운 질병인데, 스피커를 이용한 직접 '옴'진동 시술을 할 것을 권유하는 바이다.

  술과 담배를 끊을 수 있는 것은 뇌(腦)의 구피질(舊皮質)이 잠을 깨게 되어, 몸에 해로운 음식에 대해서 거절반응을 일으키는 체질로 바뀌었기 때문이다.)

〈증언•2〉

고혈압과 당뇨병에서 해방되다

茨城縣水戶市千波町2365~12
蘭 部 政 明

　고협압과 당뇨병때문에 오랫동안 약에 의지해서 생활해 왔습니다만, 어쩌다가 미도시(水戶市)의 쓰루야 서점에서 안동민 선생님이 쓰신 책을 발견하여, 흥미를 갖고 읽은 결과 매우 큰 감명을 받았습니다.
　그뒤, 대륙서방(大陸書房)을 통하여 '옴 진동수' 복용 가족이 될 수가 있었습니다.
　1982년 2월부터 마시기 시작해서 엿새되던 날부터 16일 사이에 얼굴의 피부에서 기름기가 없어지기도 했고, 국부(局部)에 물집과 같은 것이 생기기도 했으며, 입술에 물집이 생기거나 또한 목 뒤에 종기가 생기기도 했고, 방구가 수없이 나와서 민망할 때가 많았습니다.
　그러나 8일째부터는 가스도 덜 나오게 되었고, 위에서 말한 여러가지 증상들도 사라져 정상으로 되돌아 갔습니다.
　또한 당뇨때문이 아닌가 생각됩니다만, 오랫동안 고통을 준 잇몸이 쑤시던 아픔도 멎어서 목이 조금 뻣뻣할 정도로까지 좋아졌습니다. 그리고 40일쯤 지난 뒤로는 몸 전체가 가벼워졌고, 특히 알게 된 것은 손등의 혈색(血色)이 아주 좋아져 얼굴을 손등에 대면 매끈매끈한 느낌이 들기도 했습니다.

혈압에 대해서 자세히 이야기하자면 15년 전, 그 당시 38세였습니다만, 이 무렵부터 혈압이 높아져[위는 174, 아래는 110까지] 약을 먹기 시작했습니다. 그 뒤, 4~5번 약을 끊은 적도 있습니다만, 곧 혈압이 높아져서 오늘에 이르고 있습니다.

그러나 '옴 진동수'를 마시기 시작함과 동시에 약을 끊었습니다만, 50일째 되던 날 진찰을 받았더니 위가 130, 아래가 83이어서 정상이었습니다. 그뒤, 160일 째 되던날 또 다시 진찰을 받았는데 역시 정상이어서 완쾌된 것이 분명합니다.

당뇨 쪽도 마찬가지로 정상이 되었습니다. '옴 진동수'를 마시는 분량은 100일을 지난 뒤 현재까지는 반인 1리터로 줄이고 있습니다. 또한 마지막으로 고백합니다만, '옴 진동수'를 마시기 시작한 뒤 오늘에 이르기까지 저녁에 반주로 마시는 술과 담배는 끊지를 못했습니다.

반주는 매일 밤, 술은 2~3홉, 담배는 하루에 25개피 정도입니다. 이제부터는 몸의 건강을 위해서 담배도 끊어야겠다고 생각하고 있습니다.

보고가 매우 늦어져서 죄송합니다. 일 때문에 병원에 검사를 받으러 가는게 늦어졌기 때문이었습니다.

안동민 선생님, 정말 감사합니다. 앞으로도 더욱 발전하시도록 기도합니다.

(주 : 술과 담배가 심한 중독상태인 사람은 곧 빠른 변화가 일어나지만, 이분과 같은 경우에는 한때, 오히려 술과 담배가 심해지는 경향이 있다.

술에 약했던 사람이 갑자기 술에 강해지는 예는 많지만, 결국은 그만 두어야겠다는 생각이 강해져서, 어느날 갑자기 담배를 피울 수 없게 된 사람들이 많은 것이다.

  이렇게 쓰디쓴 것을 어째서 지금까지 그만두지 못했는가 하고 이상하게 여기게 된 분들도 많다. 느긋하게 노력해 볼 일이라고 생각한다.)

〈증언•3〉

심한 피부병이 완치되다

北海道綱走市南4條東4丁目4番地
梁 瀨 春 子

저는 북해도 아바시리시(綱走市)에 살고 있는 58세의 주부입니다.

아바시리는 북해도 가장 북쪽 끝이며, 오호쓰크 바다를 향하고 있고, 겨울에는 사하린으로부터 큰 얼음이 흘러내려오는 인구 5만명이 미처 못되는 어업(漁業)의 고장입니다.

열 다섯살때 늑막염을 앓은 뒤, 위·장(腸)·담낭염 등의 소화기관, 복막염·폐염·관절염 등 과거 일곱번의 대수술을 받고 정말 기적적으로 연명이 되었습니다만, 몸의 위에서부터 아래까지 좋은 곳이라고는 하나도 없을 정도여서 항상 누워서 지내다시피한 것이 사실입니다.

특히, 작년 봄 이후로 온 몸에 가려운 피부병이 생겼습니다. 아침부터 얼굴이 붓고, 가슴과 손발 어디를 만져보아도 부어 있어서 몸 전체가 끝없이 나른하여 인제 죽는가 보다 여겨질 정도였습니다. 병원에서 진찰을 받았더니 몸의 모든 기관이 하나같이 약해져 있기는 하지만, 이렇다고 할만한 결정적인 병의 원인은 찾을 수 없다고 해서 그저 막연하게 주사를 맞고 약을 지어줄 뿐이었습니다. 그 뒤에는 조금도 좋아지는 기색이 없었습니다.

작년 여름에 어떤 분의 소개로 자연방사(自然放射)라는

치료법을 알게 되었습니다. 그 분의 이야기로는, 특히 간장과 신장이 약해졌다고 했으며, 약해(藥害)가 표면에 나와 있으니, 앞으로는 일체 약을 끊으라는 선고를 받았습니다. 짚단이라도 붙잡으려는 심정으로 그 치료법을 받으려고 생각했습니다. 차차 몸의 부기도 빠져서 다섯달 가량 지나자 몰라보도록 건강해졌습니다. 자연방사란, 그 치료사가 환자에게 손을 뻗치고 있는 것 뿐인데, 평소 안동민 선생님이 말씀하시던 생체전자파방사(生體電磁波放射)가 아닌가 하고 생각하고 있습니다.

하지만 하루에 여섯 시간이나 그저 누운채 치료를 받아야 하기 때문에, 이대로라면 하루종일 아무 일도 할 수 없다는 불평을 갖게 되었습니다.

또한 몸의 부기가 빠진 것 말고는 별로 건강이 좋아진 것도 아니었습니다.

생각하면 지난 해 봄이 아니었던가 합니다. 바깥주인이 안동민 선생님의 저서인 《심령계(心靈界)로의 여행》이라는 책을 사오셔서 둘이서 읽었던 것을 생각하고, 이번에 준회원이 되게 되었던 것입니다.

안선생님이 말씀하신대로 '옴 진동수'를 만들어서 마시고 옴 진동 치료를 받은 지 어제가 마침 200일째가 되기에 보고를 하는 것입니다.

저는 대변을 하루에 두번씩 보았습니다만 '옴 진동수'를 마시기 시작했을 무렵부터 화장실에서 용변을 볼 때, 놀랄만한 분량이 하루에 20번 가량이나 되었다고 생각합니다. 사흘 뒤에는 하루에 3번이 되었습니다만, 그뒤 신장 위에다 댄 수건에서 나오는 고약한 냄새에는 놀라지 않을 수 없었습니다. 그대로 다시 6번의 '옴 진동'을 쪼였더니 겨우 냄새가 사라졌습니다.

　손·무릎·배 등의 피부병이 차차 좋아지고 눈은 노안(老眼)·원시(遠視)·난시(亂視)였습니다만, 매일 조금씩 좋아져 가고 있는 것을 뚜렷이 알 수가 있었습니다. 눈도 생기를 띄게 되었습니다.

　5년 전에 폐염을 앓은 후유증으로 기관지가 약해져 기침도 많이 나고 가래도 굉장히 많이 나왔고, 왼쪽 가슴의 뼈가 오른쪽 보다 상당히 높았던 것이 지금은 완전히 평평해졌고 기침하던 것도 멎었습니다.

　저 나름대로 이상하게 생각하고 있는 일입니다만, 몸의 나쁜 부분에 쪼이게 되면 안선생님의 '옴 진동' 소리가 낮아져서 잘 통과되지 않는 것처럼 생각되는 것입니다. 환부에 댄 손수건은 이상하리만큼 뜨겁게 느껴지고 또한 수건을 빤 '옴 진동수'가 몹시 탁해지곤 합니다. 그리고 이상하게 생각되는 것은 얼굴의 주름살이 펴진 것입니다. 요즈음 매일 거울을 보는 것이 즐거운 일과가 되었습니다. 이것도 신불(神佛)의 가피(加被)의 덕이고 안선생님과 만나게 된 덕이라고 매일 감사하면서 보내고 있습니다. 선생님, 정말 감사합니다. 앞으로도 잘 부탁 드리겠습니다.

　아내인 제가 매일 다섯시간 자는 것만으로 놀랄만큼 건강하게 일하고 있습니다만, 남편은 직업상 공인회계사이므로, 작은 칸에다가 숫자를 적어 넣어야만 하기 때문에 저녁 때가 되면 눈이 아물아물해지곤 했습니다. 그러나 요즘에 와서는 그런 일도 없어졌고 머리가 아주 맑아지고 좋은 생각이 차례로 떠오르곤 한다는 것입니다.

　제자신이 이런 말씀을 드리는 것은 부끄러운 일입니다만,

성격적으로 둘이 다 전보다 마음이 너그러워졌고, 남을 용서할 수 있게 된 것같이 생각됩니다.
 매일 아침, 식사를 든 뒤 '옴진동' 치료를 받는 것이 큰 즐거움이 되었습니다.
 이제부터는 한 사람이라도 많은 분들에게 이 '옴 진동'의 시술법을 보급하려고 생각합니다.
 이 기쁨을 한 분이라도 많은 사람들과 나누고 싶다고 생각합니다. 그리고 그렇게 하는 것이 다름아닌 안선생님의 원대한 이상의 실현에 협력하는 것이 된다면 이 이상 가는 기쁨은 없다고 생각합니다.
 안선생님과 같은 보살님이 이 세상에 살아계시다는 것, 합장과 더불어 먼 서울의 하늘을 향하여 감사드리는 바 입니다.
 안선생님, 감사합니다.

1990년 7월
일본에서

〈증언 • 4〉

몸과 마음이 깨끗해지다

Via Gerace, 1-26 ROMA, ITALIA
後閑睦子

안선생님, 안녕하십니까?

'옴 진동수'를 마시고 있는 後閑睦子와 쥬리오·바르디입니다.

기다리고 기다리던 100일도 지났습니다. 이제부터 지금까지의 두 사람의 '옴 진동수'를 마신 결과를 보고드리고저 합니다. 저는 마흔 한살의 성악가, 남편인 쥬리오·바르디는 쉰살 되는 이태리인의 오페라 가수입니다.

쥬리오는 유감입니다만 일본어도 또 영어도 말하지 못하므로 노래로 선생님께 인사를 드립니다.(주 : 이 앞 부분에 쥬리오의 오페라 노래가 녹음되어 있다)

저는 3월 중순부터 '옴 진동수'를 마시기 시작했습니다만, 처음에는 여행중이었고 그리고 또한 남의 집에 유숙하고 있었기 때문에 아무래도 제대로 '옴 진동수'를 마실 수 없었고, 따라서 날자를 분명히 헤일 수도 없었습니다. 그래도 6월안으로 100일을 맞을 수가 있었던게 아닌가 합니다. 한편, 쥬리오는 저보다 두주일 가량 늦게 마시기 시작했으므로 그도 곧 100일을 맞게 됩니다. 그러면 우선 쥬리오의 경우부터 말씀드리고저 합니다.

쥬리오는 매일 아침 일어나면 곧 커다란 잔으로 세잔 내지

네잔의 '옴 진동수'를 마시는 것으로서 하루가 시작됩니다.

그에게 맨 먼저 나타난 효과는 변비의 해소였습니다. 그때까지는 일주일에 2~3회 반드시 설사약을 먹지 않으면 대변을 보지 못했던 것입디다만, '옴 진동수'를 마시기 시작하고, 약 일주일 뒤 부터 대변을 잘 보게 되었습니다. 그러는 동안 굉장히 많이 방구가 나왔고 하루에 몇번씩 대변을 보는 일이 약 3주일 정도 계속되어 본인도 완전히 놀라고 말았습니다.

어쨋든 하루에 몇번은 굉장한 분량인 것입니다. 배 속에 어떻게 이토록 많은 대변이 들어 있었을까 하고 둘이서 크게 웃곤 하였습니다. 한편 본인은 몸이 아주 가벼워졌다고 기뻐하고 있습니다. 현재는 완전히 정상입니다.

다음에는 혈압입니다. 그는 혈압이 높아서 2년전 까지는 최고가 280까지 였다고 합니다.

그리고 최저가 210에서 120까지, 그 무렵에는 정말 화를 잘 내곤 해서 아무 것도 아닌 일에도 마구 화를 낼때가 많았습니다. 그래도 식사에 신경을 써서 약 2년 동안에 최고가 160정도, 최저가 가장 높은 때도 100정도까지 내려갔습니다만, 옴 진동수를 마시게 된지 약 2주일 뒤부터 혈압이 내려가기 시작하여, 현재는 최고가 140에서 높을 때도 150, 최저는 80에서 90이라는, 지금까지 없었던 정상적인 혈압을 유지하게 되었습니다.

그리고 그것이 줄곧 안정된 혈압이 된 것입니다. 그리고 정말 재미있는 것은, 식사의 분량이 조금씩 줄어 들고 있다는 사실입니다. 이것을 보고 있는 것은 정말 즐거운 기분입니다.

이태리 사람들은 세계에서 가장 많은 분량의 식사를 하는 민족이라고 말해지고 있습니다만, 그도 그런 뜻에서 완전히 전형적인 이태리 사람이었던 셈입니다. 2년 동안 혈압때문에 또 몸의 건강을 위해서 열심히 식사의 분량을 줄이는 노력을 해왔습니다만, 그 욕구불만이 때때로 폭발해서 맛 있는 생과자를 많이 사다가 먹기도 하고 스파게티의 분량이 엄청나게 많아지기도 하며, 와인의 양이 늘기도 했었는데, 정말 이상할 정도로 요즘은 무리없이 줄어든 것입니다. 와인의 분량도 정말 줄었습니다.

스파게티의 분량도 많이 줄었습니다.

그것을 곁에서 보고 있을 때도 전혀 무리가 없는 것이 정말 즐겁습니다. 체중(體重)이 4월초 즉, '옴 진동수'를 마시기 전에는 81킬로였습니다. 그런데 2,3개월 동안에 76킬로까지 감소되어 몸이 아주 가벼워졌다고 좋아하고 있습니다.

그는 키가 약 177센티 정도입니다.

그리고, 그는 치질이 있어서 술을 조금 많이 마시거나 작은 자극에도 곧 나빠지곤 했었습니다만, 요즘은 아주 좋아진 상태입니다. 한 두번 약간의 피가 나온 일이 있습니다만, 그것도 현재는 거의 없습니다. 쥬리오의 코는 아주 크고 훌륭한 코입니다만, 이 코가 아주 나빠서 지금까지 세번이나 축농증 수술을 받았습니다. 또한 축농증이 언제 재발할지 알 수 없는 일이어서 늘 걱정이었습니다. 어쨌든 하루종일 쉴새없이 코를 풀곤 했습니다.

그리고 잠 들면 무섭게 코를 골아서 그것이 저의 가장 큰 고민이었는데, 그것이 '옴 진동수'를 마시기 시작한 지 약 일주일인가 열흘쯤 지난 무렵이었다고 생각합니다만, 코 고는 소리가 작아지고 조용해진데 대해 저도 정말 깜짝 놀라고 말았습니다. 정말 거짓말인가 생각했을 정도였습니다. 그런데 그 뒤부터는 차차 코를 골지 않게 되었습니다. 그를 위해서도 또 저를 위해서도 크게 기뻐하고 있습니다. 한편, 그는 거의 코를 푸는 일이 없어지고 말았습니다. 그것도 어느날 갑자기,

"앗, 내가 코를 풀지 않게 되었네!"

하고 자기 자신이 몹시 놀라고 있었습니다. 그리고 그는 언제나 콧물이 목으로 내려와서 노래할 때는 그것이 큰 방해가 되었는데, 이제는 그런 일이 전혀 없다고 합니다. 그리고 또한 기쁜 것은 코가 막히는 일이 전혀 없게 된 일입니다. 이것은 노래하는 사람에게 있어서는 정말로 기쁜 일이 아닐 수 없습니다. 그리고 마지막으로 기관지염에 대해서 말씀드리고저 합니다. 그는 지난 20년이라는 오랜 세월에 걸쳐서 만성기관지염 때문에 고생해 왔습니다. 그로 말미아마 노래할 때 여러가지 지장이 있었던 것은 당연한 일로 그것이 그의 가장 큰 고민의 하나였던 것입니다만, 이에 대해서는 제자신에 대한 보고를 적을 때 자세히 말씀드릴 생각입니다.

지금부터는 제 자신에 대해 보고를 하려고 합니다. 저도 남편과 마찬가지로 변비가 있었습니다만 지금은 완전히 좋아졌습니다. 저의 경우에는 '옴 진동수'를 마시기 시작해서 100일이 지날 무렵부터 배는 아프지 않은데 설사처럼 하루에 두번, 많을 때는 세번쯤 화장실에 갔고, 그런 현상이 3주일 정도 계속된 뒤 차차 좋아져 가고 있습니다.

저는 어렸을 때, 여학교 1학년생 때까지, 여름이 되면 꼭 배탈이 나서 위카타르 또는 장카타르가 되어 한달 쯤은 아무 것도 먹을 수 없는 상태가 되었으므로 죽이라든가 미음을 들곤 했습니다. 또한 저의 변비는 병적인 것이었으니까, 틀림없이 지금은 뱃속의 대청소가 시작된 것이라고 생각됩니

다.

 다음은 신장(腎臟)에 대해서인데, 100일이 가까워졌을 무렵부터 '옴 진동수'를 하루에 1.8릿터를 마셨더니 다음 날에는 손과 발과 얼굴이 붓기 시작했습니다. 저는 4~5년 전부터 여름이 되면 아무래도 소변이 잘 나오지 않게 되어 가벼운 약을 언제나 복용하곤 했었습니다. 그런데 이번 여름에는 아무리 약을 먹어도 전혀 효과가 없는 것입니다. 저는 어렸을 때 신장병을 앓은 일이 있고 의사로부터 수박을 먹도록 하라는 권유를 받은 일이 있습니다만, 수박을 먹어도 처음에는 효과가 있지만 나중에는 효과가 없어지므로 요즘에는 '옴 진동수'를 조절해 마시면서 인제 차차 좋아지겠지 하고 생각하고 있습니다. 2~3일 동안은 소변이 조금 수월하게 나오게 된 것 같습니다. 이것도 그 전부터 나빴던 신장의 대청소가 행해지고 있는 것이라고 생각하고 있습니다.
 다음은 혈압입니다.
 저는 쥬리오와는 반대로 저혈압인데, 대체로 최고가 90 전후여서 아주 피곤을 느끼기 쉬웠고, 아침에도 10시쯤 되지 않으면 일어날 수가 없었으며, 심할 경우에는 특히 일이 없을 때는 12시까지 자기도 모르게 자버리곤 했습니다. 그러나 옴 진동수를 마시기 시작하고, 약 2주일 뒤부터는 차차 아침에 일어나는게 편해지곤 하였습니다. 혈압도 100을 넘게 되어 피곤을 느끼지 않게 되어 놀라고 있습니다. 남편의 식사 분량이 감소된데 비해 저는 전혀 그렇지가 못해서 어떻게 된 것일까 생각했었는데, 100일이 지난 뒤부터 차츰 분량이 작아졌습니다. 그리하여 요즘에는 전처럼 많이 먹는게 어렵게 되었습니다. 그전 같으면 몸 무게가 느는 것을 막기 위해 식사를 조절하게 되면 곧 지치게 되며, 혈압이 마구 내려가고,

그러면서 몸은 하나도 마르지도 않아 난처했었는데 요즘은 식사의 분량이 줄어도 피곤을 느끼지 않게 되었습니다.

그러나 몸무게는 여전히 변화가 없습니다. 5월 말, 쥬리오는 '옴 진동수'를 마시기 시작한지 약 두달 쯤 될 무렵이었는데, 감기가 든 것도 아닌데도 갑자기 목이 따거워지고 기침과 가래가 무섭게 나오기 시작했습니다. 정말 큰 일이었습니다. 때마침, 로마에서 작은 콘서트에 초청을 받았는데, 웬만하면 노래할 수 있지만, 이번에는 어쩔 수 없이 콘서트도 물론 거절하고 말았습니다. 그와 같은 상태가 두달 동안이나 계속되었습니다. 20년 가깝게 기관지때문에 여러가지 약을 먹어도 좋아지지 않았다가 작년 여름, 일본에서 정체치료(整體治療)를 받고 상당히 좋아져서 기뻐하고 있었는데, 그것이 다 소용이 없게 되어 여간 실망한게 아니었습니다. 그는 여러해 동안, 아침에 일어났을 때라든가 낮잠을 자고 난 뒤에는 반드시 목에 가래가 차서 30분 정도는 기침과 함께 가래가 굉장히 많이 나오곤 했다는 것입니다. 또한 제자신도 쥬리오보다는 일주일쯤 뒤에 그와 완전히 똑같은 상태가 되었습니다.

남편의 병이 옮겨진 것인지는 모릅니다만, 나는 남편보다 더 심한 상태여서 숨을 쉬기만 해도 목이 따겁게 느껴졌고 조금 말만 해도 심한 기침이 나왔으며, 특히 밤에는 코가 막혀 거의 잠잘 수 없는 상태가 열흘쯤 계속되었습니다. 그런데 이상하게도 둘이 다같이 열도 없었고 머리도 아프지 않아 보통 감기가 걸린 상태와는 분명히 틀리는 것입니다. 그리고 우리들의 몸은 이상하게도 기운이 넘쳐 흐르는 것이었죠. 둘이 다같이 감기 걸릴만한 일도 없었고 노래도 무리하게 부르거나 하지도 않았는데 어째서 이렇게 된 것인지 이상해서 견딜 수가 없었습니다. 둘이 다같이 2주일 가량, 코와 목, 기관지의 염증을 가라앉히는 약을 마시고 휴향을 취했던 것이었습니다.
　물론, 의사선생에게서 지시받은 약을 마셨던 것이지요. 그리고 또한 둘이 다같이 의사선생님을 찾아가서 진찰을 받았지만, 기관지까지는 나빠지지 않았다는 진단을 받고, 2주일 정도 약을 마시는 것은 중단했습니다만, 말하는 것도 조심하고 노래할 수도 없었습니다.
　저희들은 9월 10일과 20일, 두번에 걸쳐 일본에서 죠인트·리사이틀을 갖기로 되어 있었는데, 그 때문에 연습을 할 수도 없어서 정말 미칠 것만 같은 기분이었습니다. 그런데, 이렇게 된 원인이 하나도 생각나지 않았던 것이었습니다. 코에서 기관지에 걸친 대청소를 하고 있는 것이라고 자기 자신에게 타이르고 남편에게도 그렇게 설명하여 서로 위로할 뿐이었습니다.
　그런데 어찌된 영문인지, 가장 몸의 상태가 나빴을 때는 생각나지 않았던 '옴 진동' 치료가 조금 좋아졌을 무렵에 생각이 나서, 둘이서 몇번인가 교대로 치료를 해보았습니다. 그때마다 목안이 편해지거나 갑자기 몸이 가벼워지거나 했습니다.　그는 테아트르(극장)의 연습, 이것은 일이기 때문에 쉴 수가 없어서 노래는 하지 않더라도 극장에 출근을 하곤 했었습니다만, 그 테아톨의 연습에서 돌아온 뒤에 제가 옴 진동 치료를 해주면, 그때까지 코속과 목 안이 바싹 말라 있어서 약이라도 마실까 생각하고 있었는데, 거짓말처럼 코 속과 목 안에 자연히 습기가 차게 되어 샘에서 물이 솟듯이 되어 편해졌다고 기뻐하곤 했습니다.
　'옴' 진동음을 이용한 테이프 치료의 이상한 힘에 우리 두 사람은 놀라움과 동시에 감동을 느끼고 있습니다.

쥬리오도 완전히 '옴 진동수'와 테이프 치료의 신봉자가 되었습니다. 그리고 안선생님! 쥬리오도 꼭 한번 안선생님과 만나고 싶다고 말하고 있습니다.

안선생님! 이태리의 석회분(石灰分)이 많은 물을 지금까지 여러가지로 연구를 해보았습니다만, 생수 그대로는 지금은 별다른 방법이 없는 것 같습니다.

그런데 끓이게 되면 석회분은 한데 엉키게 됩니다만, 역시 생수가 좋은 것일까요? 일본에 돌아가게 되면 무엇인가 또 다른 방법을 찾아볼 생각입니다. 이곳에서는 이른바 병에든 미네랄수를 사서 마시고 있습니다. 또한 이곳에 태어나 어렸을 때부터 석회분이 많은 물을 줄곧 마셔온 사람들은 새삼스럽게 석회분을 없애고 마시겠다고는 생각지 않는 것 같습니다.

안선생님, 저는 요즘 몸도 여러가지로 좋아졌지만, 또한 정신적으로도 여러 곳이 청소되고 있는 것 같이 생각됩니다.

매일 생활하는 가운데, 말로는 분명히 표현할 수 없습니다만, 무엇인가가 새로 태어나서 낡은 껍질이 벗겨지고 새로운 깨끗한 생명이 표면에 나타나는 것 같은 느낌이 듭니다.

지금까지 할 수 없었던 일도 이제부터는 할 수 있을 것 같은 생각이 듭니다. 그때문에 건강법도 더욱 더 개량되어 여러가지 가능성을 생각할 수 있을 것 같습니다.

안선생님, 정말 고마웠습니다. 반드시 둘이서 안선생님을 뵙게 될 날이 있기를 즐겁게 기다리겠습니다.

(주 : 끓인 물에 '옴' 진동을 쪼여도 좋다. 안심하고 끓인 물로 '옴' 진동수를 만들어서 마셔주기 바란다.)

〈증언 • 5〉

임신중독증(姙娠中毒症)이 완쾌되다

佐賀縣佐賀市嘉瀨町嘉瀨津
黑 田 眞 子

　사가(佐賀)에 살고 있는 구로다 마꼬(黑田眞子)입니다.
　얼마 전에 후꾸오까(福岡)에서 안선생님을 뵐 수 있어서 정말 기뻤습니다. 그때는 자기 소개하는 것 조차 잊어서 크게 실례했습니다. 여간 부끄럽게 생각지 않습니다. 용서하여 주십시오. 지금부터 '옴 진동수' 복용에 대한 증언을 말씀드리고저 합니다.
　작년 일이였습니다만, 큰 딸이 임신을 했는데 두달쯤 지나자 신경질이 날이갈수록 심해지고 세탁제라든가, 약 같은 것에도 여러가지로 신경과민을 나타내며, 태아에게 나쁠것이라는 것 때문에 성격도 이상해지는듯 했습니다. 이때문에 딸의 시어머니도 걱정을 하셔서 여기저기 신령님과 부처님을 모신 절에 가서 기도를 드리곤 했습니다만, 조금도 좋아지지 않고 점점 나빠질 따름이었습니다.
　그 무렵, 작은 딸이 마침 안선생님이 후꾸오까에 오신다니까 함께 찾아 뵙는게 어떠냐고 말해 주었습니다만, 시간을 낼 수가 없었습니다. 작은 딸이 안선생님에게 물어 보았더니 임신중독증(姙娠中毒症)이니까 '옴 진동수'를 마시게 하는게 좋으리라는 말씀이었습니다.
　안선생님이 쓰신 심령과학에 관한 책은 4권 가량 읽은바 있었으므로 '옴 진동수'에 대해서는 미리 알고 있었습니다.
 그래서 곧 준회원이 되었고, 7월 23일에 '옴'진동음이 녹음된 카세트 테이프가 도착하게 되자 곧 '옴 진동수'를 만들어서 마시게 했습니다. 임신중이었으므로 몸에 '옴 진동' 시술을 해도 좋은지 알 수가 없어서 실례라고는 생각했습니다만 도쿄(東京)에 계시는 고바야시 즈이께이 선생에게 여쭈어 보았더니 미간(眉間)과 후두부(後頭部)에는 '옴' 진동 시술을 해도 좋다고 하셔서, 그로부터 매일 두번씩 미간과 후두부에 '옴'진동 시술을 하면서 '옴 진동수'를 하루에 5~8잔씩 마시게 했습니다.
 그런데 2주일쯤 지난 어느날 갑자기 증상이 심해져 자기가 어떤 행동을 하고 있는지도 모르게 되었고, 혼잣말로 중얼거리기도 하고 또한 복도를 깡충 깡충 뛰어다니기도 해서 정말로 머리가 돌아서 미친게 아닌가 조바심을 하면서도, 안선생님의 책에는 한번은 증상이 심해지게 마련이라고 쓰여져 있었으므로 그 말씀을 믿고 눈치를 보면서 신불(神佛)에게 열심히 기도했습니다. 뱃속에 들어 있는 아기를 위해서도 딸이 좋아지게끔 하여 줍소서 하고 기도를 드린 것입니다.
 그런데도 좀처럼 호전되지 않았습니다.
 그래도 딸은 '옴 진동수'를 신기하게도 마셔 주었는데, 태아에 대해서는 전혀 무관심하게 되어 아기는 필요없다, 아기 때문에 이렇게 괴로워하고 있는 것이니까 이런 아기는 필요없다, 이런 아기는 유산을 시키고 싶다고 하면서 산부인과에 전화를 걸곤 하는 것이었습니다.
 정말 어떻게 했으면 좋을지 모르게 되었고, 정말 '옴 진동수'는 효과가 있는 것일까 하고 의심해 보면서도, 어쨌든 안선생님의 말씀을 믿고 '옴 진동수'를 마시게 하는 것 밖에 다

른 방법은 없다고 생각하고 열심히 '옴 진동수'를 마시게 하
고 또한 직접 스피커를 사용한 진동치료를 하면서 신령님께
기도를 드렸던 것입니다.
 안선생님의 책에 '옴 진동수'를 마시고 있으면 머리가 좋은
아기가 태어난다고 쓰여져 있었던 것을 기억하고 그것을 마
음의 의지로 삼아서, 싫어하지만 이마와 뒷머리에 옴 진동음
에 의한 시술을 하고, 또한 '옴 진동수'를 열심히 마시게 했던
것입니다.
 그러던 중, 12월 27일 아침의 일이었습니다. '안녕히 주무
셨어요' 하고 쾌활한 표정으로 인사했으므로, 주인도 저도
깜짝 놀라서 '잘잤니' 하고 딸의 얼굴을 보았더니 아주 명랑
한 표정이었습니다. 그러나 그 뒤로도 이틀 가량은 아직 정
신이 개운치 않은 것 같았습니다.
 29일이 되자, 딸이 자진해서 남편의 시댁에서 설날을 보내
고 싶다고 말하고 준비를 한 뒤, 후꾸오까로 돌아갔습니다.
 그리고 후꾸오까에서 설을 지내고, 사위도 와 있었습니다
만, 기분이 좋아졌노라고 하면서 그대로 다까마쓰(高松)로
돌아갔습니다.
 그 뒤로는 몸의 상태도 좋아진 모양이어서, 전화를 걸어오
는 목소리도 명랑해져 한결 마음이 가벼워졌습니다.
 3월이 출산 예정이어서 2월 20일경, 친정에 돌아왔으므로
'옴 진동수'를 계속해서 마시게 하고 머리에도 '옴 진동' 시술
을 해 주었습니다.
 뱃속의 아기에게도 미안하다고 몇번 사과하고 건강하게
태어나도록 신령님에게 기도를 드리는 모양이었습니다.
 3월 24일에 훌륭한 사내 아이가 태어났습니다. 이것도 안
선생님의 '옴 진동수' 복용 덕분이라고 감사하고 있습니다.

비교적 큰 아이였고 통통하게 살이 쪘으며, 얼굴에 주름살도 없었습니다. 산부인과 선생님도 갓난애의 얼굴에 주름살이 없는 것은 아주 드문 일이라고 감탄하시는 것이었습니다.

젖도 잘 먹고 성큼성큼 잘 자라고 있습니다. 딸도 그동안 자기의 이상했던 행동을 기억하고 있는 모양인데, 어째서 그런 행동을 했는지 모르겠다고 지금은 조금 부끄럽다고 말하고 있습니다. 모두가 안선생님 덕분이라고 생각합니다. 딸과 주인도 다같이 감사하고 있습니다. 정말 고마웠습니다.

5월 3일, 안선생님이 후꾸오까에 오셨을 때, 일정이 아주 빡빡한 모양이었지만 나까노 후미구니(中野史邦)씨에게 부탁을 해서 처음으로 안선생님과 딸과 외손자 셋이 만날 수가 있어서 여간 기쁘지가 않았습니다. 그리고 선생님이 외손자를 보시자 마자,

"이 아이는 아주 훌륭한 영혼을 갖고 태어난 아기입니다. 소중하게 기르십시오. 정말 큰 일이었군요. 둘이 다같이 무사했으니 말입니다. 사실은 모자가 다같이 목숨이 위험했던 것입니다."

라고 가르쳐 주셨습니다. '옴 진동수' 복용 덕분에 목숨을 건진 것을 분명히 알 수가 있었습니다. 안선생님을 믿기를 잘했다고 마음으로부터 기뻐하고 있습니다. 또한 둘째 딸도 안선생님이 말씀하신 것처럼 무사하게 일이 진행되어 가족들의 축복을 받으면서 결혼식을 올릴 수 있었던 것에 대하여 거듭 감사를 드립니다. 주인과 둘째 딸이 과거세(過去世)에 있어서 서로 원수였었다는 것을 두 사람에게 이야기해 주었더니,

"지난 번에 아주 이상한 꿈을 꾸었어요, 어머니. 어깨에서 비스듬이 등을 칼로 찔리는 꿈을 두번이나 연속 꾸었는데,

기분이 나빴었죠. 그 일때문이었었군요!"

라고 말했습니다. 한편, 남편의 작은 딸에 대한 미워하던 태도도 바뀌었고, 지금까지 작은 딸의 부모에 대한 반발도 지난날의 인연으로 말미암은 것이어서 안선생님 덕분에 소멸된 것이라고 감사하고 있습니다.

7월 10일, 또다시 안선생님이 후꾸오까에 오셨을 때는, 주인과 함께 제령(除靈)까지 해주셔서 정말로 감사했습니다. 이 모두가 안선생님 덕분이라고 마음으로부터 감사하고 있습니다. 또다시 안선생님을 뵙게 될 날을 기다리고 있습니다.

이것으로서 저의 증언을 끝내고저 합니다.

〈증언 • 6〉

만성 췌장염이 완쾌되다

鹿兒島市字宿町2515
宮 下 新 平

이번에 인연이 있어서 '옴 진동수'를 복용하게 된 미야시다(宮下) 올시다.

저는 그 전부터 만성 췌장염을 앓고 있었는데, 상복부(上腹部)가 딱딱했고 음식을 조금만 많이 먹어도 거북했으며 몹시 피곤해 늘 괴로운 상태였습니다.

4월 6일부터 '옴 진동수' 복용을 시작했는데, 8일, 9일 이틀에 걸쳐서 다량의 배변(排便)이 있었습니다.

평소 때도 매일과 같이 대변을 보기는 했습니다만, 그것과는 양상이 좀 달랐습니다.

바로 숙변이 나왔다는 느낌이었습니다. 그 뒤로는 여지껏 경험하지 못한 복부의 상쾌감을 느낄 수가 있었습니다. 15일경부터는 몸이 가볍게 느껴지기 시작했고 26일경에는, 허리 복부의 부었던 부기가 극도로 줄어 들어 숨 쉬는 것이 아주 편해졌습니다. 5월에 들어서서는 두 눈의 시력이 아주 좋아져서 사물이 뚜렷하게 보이게 되었고 기분도 한결 차분해졌습니다.

피곤감도 거의 느끼지 않게 되었고, 6월에 들어서는 환부에 느꼈던 자각증상도 거의 없어졌는데, 여러 해 동안 한방(漢方)과 그밖의 여러가지 치료로도 아무런 효과가 없었던 것이 믿기 어려울 정도로 호전된듯 했다. 다만, 매일 아침, 눈을 뜨게 되면 무엇이라고 표현하기 어려운 환부에의 압박감이 남아 있었습니다. 그것은 한시간 가량 계속되었고 일어나서 행동이 활발하게 되면 차차 사라지곤 했던 것입니다.

그러나 7월 10일, 저로서는 일생동안 잊을 수 없는 안동민 선생님과의 만남에 의해, 선생님의 힘으로 그때까지 내가 고민해온 모든 괴로움에서 완전히 해방되었습니다. 그날을 계기로 모든 것이 풀리게 되었습니다.

위대하신 안동민 선생님께 진심으로부터 감사드리는 바입니다.

〈증언•7〉

유체이탈(幽體離脫)을 하다

宮城縣仙台市入幡2丁目12~17
今 野 博

안선생님, 안녕하십니까!
저는 준회원 번호 81~2757인 곤노 히로시(今野 博)입니다. 지금부터 '옴 진동수' 복용에 대한 보고를 올리고저 합니다.
우선, 복용 상황인데, 복용한 기간은 2월 3일부터 일주일 동안 사흘 연속이었고, 일 때문에 매일 매일 마실 수는 없었습니다. 오늘 현재, 9월 21일까지 복용했으나 8월에는 일과 여행때문에 마실 수가 없었습니다.
복용 방법은 한번 잘 끓인 따뜻한 물에 '옴' 진동을 쪼인 다음, 그 따뜻한 물로 커피를 만들어 하루에 네잔에서 다섯잔 가량 마셨습니다.
분량은 약 1.1~1.5리터 정도가 아니었던가 생각됩니다.
2리터 가량 마신 때도 물론 있었습니다만 상당히 불규칙적이었기 때문에 분명한 말씀을 드릴 수는 없습니다.
또, 한번 물을 끓인 이유는, 2월에 수도물에다가 그대로 진동을 시켜 보았는데, 염소가 들어 있어 알칼리도(度)를 잴 수가 없었기 때문이었습니다. 그리고 우물물을 쓰지 않은 것은 저희 집 우물물이 상당히 높은 산성(酸性)이어서 마실 수 없을 정도였기 때문입니다. 그래서 그만둔 것이죠.

제4장 '옴 진동수(振動水)' 복용 가족들의 증언 101

 그리고 한번 잘 끓인 물을 리토마스 시험지로 시험해 보았더니 분명히 알칼리성을 띄고 있었지만 미약한 것이었습니다. 2월에는 어떻게 수질이 변화하는가 하고 여러가지로 시험을 해 보았습니다만, 알칼리성을 띄게 되었다는 것 외에는 아무런 변화도 찾아볼 수 없었습니다.
 특히 얼려보려고 하면, 어쩐지 보통 물과 다름없는 상태가 되어 버리는 것이었습니다. 그러나 실험한다는 것은 의심하는 것을 뜻하며, 아마도 그런 상념(想念) 때문에 약간의 변화 밖에 일으키지 못한게 아닌가 생각했습니다.
 3월에 들어서서는 태도를 바꾸어, 한번 펄펄 끓인 물에 '옴' 진동을 쪼이고 커피를 만들어 마셨더니 아주 맛이 좋은 것이었습니다. 또한 2월에는 소리를 크게 했습니다만, 3월 들어서는 소리를 작게 해서 '옴'진동을 쪼였더니 앞서 이야기한 것처럼 아주 맛있는 커피를 만들 수가 있었습니다. 세상에 이렇게 맛있는 커피는 없을 것이라고 생각하고 있습니다.
 커피 콩은 콜롬비아 생산품이고, 아메리칸으로 하고 있습니다.
 그리고, 제 경우 1980년 10월에 선생님의 책을 읽고, 12월 초에 준회원의 신청을 했던 것입니다만, 그 직후부터 검은 변이 나오기 시작하여 그때까지는 위장이 그다지 좋지 않았는데 저절로 좋아졌습니다. 방구도 잘 나왔습니다. 또한 대변이 아주 굳어져서 12월 달에는 종이가 불필요할 정도였습니다.
 그런데 1월이 되어도 안선생님으로부터 소중한 물건이 도착하지 않아 초조하게 여겼는데, 또다시 전과 같은 좋지 않은 변이 나와서 혼이 났습니다. 혹시 사기가 아닌가 하고 의심했던 것이 나빴던 것 같습니다. 그리고 2월 2일에 겨우 보물이 도착하여 하늘에라도 오른 것 같이 기뻐했고, 어쨌든 뭐라고 말할 수 없는 좋은 기분이었습니다.

하지만 어쨌든 2월달에는 의심암귀(疑心暗鬼)의 상태로 사용했기 때문에 이렇다 할만한 효과가 없었습니다.

3월에 들어와 '옴 진동'을 쪼여서 만든 커피를 마시기 시작한 뒤로 자주 방구가 나오곤 했습니다. 저의 집 하숙생이 한 달가량 집에 유숙하였으므로 그에게 마시게 했더니 하루 종일 방구만 나와 아주 재미 있었습니다.

또한, 그 무렵에 선도법(仙道法)의 '군다리니'를 올리는 호흡법을 수련하고 있었는데, 방을 뜨겁게 하고 누워 있다가, 정신을 차려보니 유체이탈(幽體離脫)을 하고 있었습니다. 문득 정신을 차려보니 제자신의 육체(肉體)를 다른 각도에서 보고 있었던 것입니다. 그순간, 야릇한 공포감을 느끼고 방안을 둘러 보았더니 마치 공기가 녹색으로 빛나고 있는 것 같았고 방 구석구석까지 선명하게 볼 수가 있는 것이었습니다. 저는 시력이 0.08이하였지만, 방안 전체가 뚜렷하게 보였을 뿐만 아니라 머리도 굉장히 맑아진 상태였습니다.

또한 놀랍게도, 육체로부터 반투명 상태가 된 제 자신이 반쯤 일어나 앉아 있는 모습이 분명히 보였던 것입니다.

그같은 제 모습을 보고 있는 제자신과 함께, 3명이 된 제 자신을 확인한 셈이었습니다. 의식(意識)해서 보고 있던 제 자신이 하나의 눈으로 보고 있었는지 두눈으로 보고 있었는지는 관찰할 수가 없었습니다.

한편 이런 광경에 놀라고 있노라니까, 퍽! 하는 소리와 함께 반은 일어나 앉아 있는 반투명의 제2의 제자신이 되었습니다. 그러자 곧 이어서 퍽!하는 소리와 함께 누워 있는 육체의 자신으로 돌아왔습니다.

이것이 첫번째의 체험이었습니다.

두번째는 일하러 간 출장 간 곳에 누워 있었더니, 또다시 등이 뜨거워지면서 이번에는 반투명인 제2의 제자신이 되었습니다.

이번에는 침대 주위에 붉은 커어튼이 처져 있었는데, 그때 문이었는지 전보다 상당히 강한 공포감을 느꼈습니다. 그때도 퍽! 하는 느낌과 함께 누워 있는 제자신으로 돌아온 순간 몸이 굉장히 뜨거웠던 것을 기억하고 있습니다.

세번째는 5월에 들어서서 일어난 일입니다. 누워 있는 등이 뜨거워지기에 이번에는 유체이탈(幽體離脫)하는 순간을 보려고 시력을 집중시켜서 보니까, 머리 속에서 퍽! 하는 소리가 들렸던 것입니다. 무엇인가 세포가 일제히 분열하고 있는 것 같은 소리인 것입니다.

다음 순간, 전혀 본 일이 없는 실내와 찻잔을 들고 들어오는 계집아이의 모습이 보였습니다. 그리고 알게 된 일은, 8월 중에는 '옴 진동수'를 마실 수가 없었고 일이 끝난 뒤에 또다시 마시기 시작했더니 하루 종일 방구가 나오기 시작했습니다. 2~3일이 지나자 평상시의 상태로 돌아왔습니다.

그리고 보고하는 것이 잠시 늦은 셈인데, 유체이탈 하기 전이었다고 생각되지만, 호흡법을 행하고 있었을 때, 척추뼈 끝에서 3센티인가 4센티 되는 곳이 뜨거워지고, 그 열이 머리까지 올라 왔습니다.

그로부터 일주일 동안, 머리에 열이 있어 마치 감기에 걸린 것 같은 느낌이 되었습니다만, 머리 꼭대기에 의식을 집중시켰던 바, 퍽! 하는 느낌이 들면서 머리 끝에서 열이 빠져 나갔습니다. 그래서 겨우 안심을 할 수가 있었습니다.

그러나 여러가지 책에서 읽은 것과 같은 맹렬한 열감(熱

感)이라든가, 몸이 공중에 떠오르는 것과 같은 현상은 없었습니다. '군다리니'가 조금 밖에 올라가지 못한 때문이라고 생각됩니다.

이번에 새로운 '옴'진동 테이프를 보내주시면 햇빛을 손으로 받는 것을 행해 보고저 합니다.

정말로 감사했습니다.

(주 : 이분은 선척적으로 굉장히 유체(幽體)가 발달된 분이라고 생각된다. 함부로 유체이탈을 하는 것은 매우 위험한 일이며, 자기가 유체이탈을 한 뒤에 다른 악령(惡靈)의 침입을 받게 되면 그대로 죽는 수도 있음을 알아야 한다. 필자의 회원이 되려고 생각한 순간에 몸에 영향이 나타난 것도 아주 드문 경우이다. 이런 분이 부정적인 상념(想念)을 갖게 되면 악령에 사로잡히게 될 가능성이 많기 때문에 평소에 주의가 필요하다. 이 분은 장기간에 걸쳐 '옴 진동수'를 복용하면 틀림없이 뇌(腦)의 구피질(舊皮質)이 발달되어서 이른바 '별개의 존재'인 초능력자로 변신될 수도 있을 것이다.)

〈증언 • 8〉

구강암(口腔癌)을 고치다

서울시 동대문구 이문동 220~266
劉 榮 彦

　저는 우연한 기회에 '옴 진동수'를 알게 되었고, 덕분에 꼭 죽는다고 선고 받았던 제 아내의 중병이 완쾌되었을 뿐만 아니라, 주위의 친구들에게 권유해서 안선생님이 운영하는 연구원의 준회원이 된 분만도 100명 정도는 됩니다.
　그분들의 대부분은 '옴 진동수' 가족이 된 뒤 건강해졌고, 그 가운데에는 성격과 운명이 개선된 분도 있습니다.
　그 가운데에서 하나의 믿기 어려운 실례와 실패한 예를 소개하여 볼까 합니다.
　그중 하나는, 저와 같은 직장에서 일하고 있는 동료의 어머니인데, 구강암(口腔癌)의 선고를 받아, 한강 성신병원에 입원시켰으나, 치료가 불가능하다는 선고를 받았으므로 제가 권유해서 안선생님의 연구원의 준회원이 되셨던 것입니다.
　그리하여 열심히 '옴 진동수'를 환자에게 마시게 하고 또한 '옴 진동수'에 적신 타올을 입 위에 올려놓고 '옴 진동' 시술을 시작한 지 한달 뒤 부터 상처가 아물기 시작하여 한달 반 뒤에는 완전히 구강암(口腔癌)이 완치되었습니다.
　그래도 100일 이상 시술을 받도록 하세요, 재발하면 곤란하다고 제가 권유하여 120일 이상 '옴' 진동음에 의한 스피커

시술을 받은 결과, 완전한 정상인이 되었고 그뒤 2년 이상 지났습니다만, 아직껏 재발하지 않고 있습니다.

또 하나의 경우는, '옴 진동수'를 마셔서 기적적으로 좋은 결과를 얻었지만 환자 자신의 태만에 의해 실패한 예를 이야기해 보고저 합니다.

서울시 동대문 구청에 근무하던 분인데, 심한 신장염으로 일주일에 한번씩 병원에 통원하여 인공신장기의 덕을 보던 분입니다. 이 사람이 저의 권유로 안선생의 연구원, 준회원이 되었던 것입니다.

'옴 진동수'를 마시기 시작한 지 20일쯤 지나서, 일주일에 한번 기계 신세를 지던 사람이 보름에 한번, 한달쯤 지났을 무렵에는 놀랍도록 경과가 좋아졌던 것입니다.

이러한 환자는 6개월이든, 7개월이든, 1년이든 열심히 계속하지 않으면 안되는 법인데 두달쯤 '옴 진동수'를 마신 뒤에는 끊고 말았고, 화투때문에 밤을 꼬박 새우거나 술을 많이 마시곤 했습니다. 결국, 이 사람은 어느 날 갑자기 죽어버렸습니다.

〈증언 • 9〉

여러가지 병을 치료하다

京都市伏見區野岡西町 4～65
猪 田 英 次 郎

 믿는 사람은 구제 받는다고 한 그리스도의 말씀을 사람들은 어떻게 받아들이고 있는 것일까요?
 저는 하나님의 존재를 26세에 깨닫고, 하나님의 더없이 훌륭하고 영묘(靈妙)한 은혜를 흠뻑 받으면서도 육체를 지닌 인간의 약함 때문이라고 할까, 일반 사회의 사람들이 갖고 있는 관념과 욕망속에 송두리째 빠져 버려, 물욕(物慾)·권력(權力)·식욕(色慾) 등 온갖 번뇌 속에서 고민하고 괴로워하며 슬픔을 되씹으면서 최근까지 살아왔던 것입니다.
 그동안, 기회 있을 때마다 마음 속 깊은 곳에서 솟아오르는 맑은 샘물과 같은 하나님의 마음이라고 할까, 영혼의 울부짖음 같은 느낌을 여러 번 가진 일도 있고, 일반사회의 상식과 그런 생각의 중간에 끼어서 살아가는 괴로움때문에 얼마나 고민했는지 모릅니다.
 하나님에게 끌리고 있을 때는, 요즘 말하는 신흥종교를 만드는게 어떤가 하는 유혹도 두번 가량 받아 본 일이 있습니다만, 저의 마음은 종교를 돈버는 도구로 삼고 싶지 않다는 신념이 있었으므로 오늘날까지 일반사회인으로서 생활해 온 것이었습니다.
 나이 예순 다섯살에 자신에게 닥쳐 올 죽음의 필연성과 사기(死期)가 가까워 왔음을 깨닫고 이 세상 사람들을 위해서, 또한 사회를 위해서 지금까지 무엇을 해 왔는가를 생각해 보았을 때, 일반 사람들과 마찬가지로 너무나도 자기 본위의 생각속에 살아 왔고, 다른 사람들 또는 사회나 국가에 아무런 공헌도 하지 않은 제자신의 인간적 옹졸함을 깨았으며, 65년의 세월을 너무나도 뜻없이 지내온 것이 새삼스럽게 뉘우쳐지는 것이었습니다.

죽음을 맞을 때까지 앞으로 몇년이 더 있는지 모르지만, 그 짧은 기간만이라도 조금은 다른 사람들을 위하는 삶을 살아야겠다, 또한 장차 가야만 할 영계(靈界)에서의 제자신의 영혼의 향상을 위해서도 지금까지의 삶의 방식을 바꾸어, 진짜 인간답게 살아가기로 결심했던 것이었습니다.

그러기 위해서는 우선 자기 수양(自己修養)이 가장 중요하다고 생각하여 매일 좌선(坐禪)을 하고 명상에 잠기었고, 하나님 앞에 기도를 올리고, 나라의 평화와 인류의 행복을 기도함과 동시에, 자기 안의 잊혀진 영혼을 잠에서 깨어나게 하는 일에 전념했던 것입니다.

그런 생각을 시작한 지 반년이 지난 뒤에 안동민 선생님이 쓰신 《심령치료》라는 책을 읽고 '옴 진동수'에 대해 알게 되어, 즉시 '옴 진동' 테이프와 스피커를 구입하여 아내와 더불어 '옴 진동수'를 열심히 복용하기 시작했던 것이었습니다.

그와 동시에 이웃 사람이 노이로제를 앓고 있는 것을 알게 되어, 스피커에 의한 치료와 '옴 진동수'의 복용을 병용해 약 한달만에 완치시킬 수가 있었습니다.

제 자신도 '옴 진동수'를 마시기 시작한 지 약 6개월이 지난 뒤부터, 유체(幽體)가 발달되게 된 탓인지, 밤에 명상할 때는 가끔 가다가 영혼의 모습을 눈으로 보게 되어 이상한 느낌을 갖게 되었습니다.

지난 2월 27일, 오사카(大阪)에서 안동민 선생님이 주최하신 제령회(除靈會)에 처음 출석했을 때, 안선생님으로부터 저의 영능력(靈能力)이 강하다는 지적을 받았습니다.

또한 저의 영혼은 에끼(役)의 행자(行者)[주 : 고대일본의 유명한 초능력자]와 후지하라씨(藤原氏)[주 : 일본 고대사회의 귀족 가문]와 관련있는 대승정(大僧正)의 복합령(復合靈)이라는 지적을 받고, 제 자신은 어이없어 그저 놀랄 따름이었습니다.

그때, 안선생님으로부터 원격치료도 할 수 있을 정도의 힘을 갖고 있는데, 어째서 사람들의 괴로움을 덜어주지 않는가, 다른 사람들을 위해 그런 힘을 어째서 활용하지 않는가고 꾸지람을 들었던 것입니다.

저는 여러 종류의 종교단체에 한번도 들어가 본 일이 없었고, 저 혼자서 독자적인 수양을 해왔기 때문에 안선생님에게 지적 받기까지는 자기 자신이 어떤 힘을 구사할 수 있는지 모르고 지냈던 터였습니다.

3월 초순, 저의 손녀딸(여학교 1학년생임)은 왼쪽 다리의 관절 안쪽이 아파서 그때까지 약 한달가량 병원에 다니면서 치료를 받았는데, 효과가 별로 없는 모양이었습니다.

점점 통증이 심해져 학교에 가는 것도 싫어하게 되자, 난처해하고 있다는 이야기를 딸에게서 듣고, 시험 삼아서 약 10킬로 가량 떨어진 곳에 살고 있는 손녀딸에게 원격치료를 두번 하였던 바, 완전히 좋아진 데는 제 자신도 놀라고 말았습니다.

그로부터 15일이 지난 뒤, 그 손녀딸의 누이동생(국민학교 4학년생임)이 자폐증(自閉症)때문에 고생했는데, 그 치료를 딸로부터 부탁 받고, 이번에는 한번의 원격치료로 완치가 되었습니다. 딸로 부터는 아버님의 기도가 너무 지나치게 나타나서 친구들도 여럿이 생기고, 학교에서 돌아오면 가방을 팽개치고 친구네 집에 놀러가게 되자, 전같이 공부를 열심히 하지 않게 되었노라는 즐거운 비명을 들었습니다.

이러한 경험으로 해서, 제자신도 자신을 얻게 되었고 한편 소문을 듣고 찾아오는 사람들에게 치료를 해주고 있습니다.

아주 심하게, 얼굴과 온 몸에 경련을 일으켜서 6년 동안이나 괴로움 속을 헤매던 54세의 주부도 현재까지 네번에 걸친 치료를 받은 결과, 앞으로 4~5회만 치료하면 완치될 것으로 생각됩니다. 이밖에 고혈압, 어깨의 신경통, 위궤양, 신장병 등이 치료된 예도 많이 있습니다만, 지면 관계상 생략합니다.

다만, 저는 치료를 받으러 오는 분들에게 하나님 또는 부처님의 길을 설명하고, 조상님네에 대한 감사와 보은(報恩)의 뜻을 가져 주는데 중점을 두고 있습니다. 치료를 받으러 온 분들에게는 물론 '옴 진동수'의 효능을 이야기해 주고, '옴 진동수'를 어느 기간 마시게 한 뒤에 치료를 하고 있습니다.

치료비 등은 전혀 받고 있지 않기 때문에 치료 받기를 희망하는 분들은 그치지 않지만, 저도 매일 회사에 근무하는 몸이라, 전부의 희망자에게 충분히 시술을 해줄 수 없는 것을 매우 유감으로 생각하고 있습니다.

그러나 아무리 바쁘더라도 하나님의 길을 설법하고, 사람들의 병을 고쳐주며 괴로움을 덜어주어서 기뻐하는 모습을 보는 것과, 제자신이 조금이라도 세상 사람들을 위해 도움이 되고 있다는 만족감은 도저히 다른 사람들은 이해할 수 없는 기쁨이라고 생각합니다. 아내도 적극적으로 협력해 주기 때문에 마음 편하게 치료에 임할 수 있고, 매일 충실하게 살아가는 기쁨을 아내와 더불어 하나님께 감사드리고 있는 것입니다.
 '옴 진동수'의 존재를 알게 되고, 또한 안동민 선생님과 만나서 양안(靈眼)이 떠지게 해주신 것도 모두 전세(前世)로부터의 약속이었다고 생각하며, 동시에 앞으로도 더욱 연구 노력할 생각입니다.

합장(合掌)

〈증언•10〉

노이로제가 완치되다

埼玉縣大宮市大門町3〜163〜4
原澤由紀代

'옴 진동수'를 어떻게 알게 되었는가, 그리고 그 복용 결과에 대하여 보고하고저 합니다.

저는 사이타마현(埼玉縣)의 오오미야시(大宮市)에 살고 있는 설흔 세살 된 주부인 하라자와(原澤)입니다.

지난해 4월부터 11월까지의 8개월 동안, 제자신의 마음이 어쩔 수 없는 상태가 된 것은 처음 경험했던 일로서, 제자신 밖에 모르는 괴롭기 그지없는 나날이었습니다. 저는 무엇이든 모두 가족들에게 이야기하는 성격이었으므로, 저의 괴로운 마음을 남편을 비롯하여 다른 가족들과 여동생들에게도 이야기하곤 했었습니다.

모두가 제가 괴로워하고 있다는 것은 알 수 있었지만, 어떻게 하면 좋을까 하는 문제를 푸는 일은 어려웠고, 저의 이야기를 열심히 들어주기는 하지만, 실제로 고치는 방법은 무엇일까 하게 되면, 너무 지나치게 생각하지 않는게 좋지 않겠느냐, 기분을 좀 편안하게 갖도록 하라, 아무 것도 할 수 없을 때는 신경을 쓰지 않고 내버려 두는게 좋을 거라는둥, 다정하게 이야기해 줄 따름이었습니다.

저도 그렇게는 생각합니다만, 도저히 마음을 편안하게 가질 수가 없는 것이었습니다. 지금 생각하면 어째서 그런 상태가 되었던 것일까 여겨질 정도입니다.
 저는 결혼한 후, 올해로 9년째가 됩니다. 처음 신혼시절 4년 정도는 부모와 헤어져 둘이서 생활하고 있었습니다.
 저의 부모가 이혼을 했기 때문에, 친정에서 집을 새로 지어서 세자매의 큰 딸인 저와 어머니와 할머니 네명이서 살게 되었습니다.
 남편은 월급장이, 어머니는 집에서 가게를 하고 있어서, 저도 그 가게에서 일하고 있었던 것입니다만, 역시 남편과는 휴일이 다르고, 또 그 밖에도 사정이 있었습니다. 얼마 후, 밑의 여동생과 함께 어머니의 가게 옆에서 다른 가게를 경영하게 되었습니다.
 아주 예쁘고 즐거운 가게였습니다만, 손님들에게 어떻게 하여 물건을 팔아야 하는지 모르는 저에게 있어서 가게의 경영은 대단히 어려운 일이어서, 언제나 머리 속은 어떻게 하면 물건을 팔 수 있을까, 어떻게 하면 손님으로 하여금 가게를 찾아오게 할 수 있을까 하는 생각으로 가득차 있었습니다.
 부부 둘이서 하던 생활에서 4명의 생활로 바뀐 데다가, 남편은 월급장이, 그다지 찬성하지 않았던 남편에게 더욱이 하루 종일 일하고 피곤해서 돌아왔는데, 물건이 팔리지 않으니 어떻게 했으면 좋겠느냐고 의논할 수도 없는 일이었습니다. 물건이 팔리지 않는다는 것은 나에게 책임이 있고 잘못때문이 아닐까하고 여러가지로 방법을 바꾸어 보기도 했습니다.
 가게에 신경이 많이 쓰이니까, 집안 일은 조금 돌보지 못해도 할 수 없다고 생각을 하면 좋았는데, 저는 무엇이고 완벽하게 하고 싶었던 것입니다.
 가게를 보아줄 사람이 달리 없기 때문에 문제였는데, 3층의 제 방도 항상 깨끗하게 꾸며 놓고 싶었으며 2층의 부엌일도 하고 싶었고, 한꺼번에 전부 세가지 일을 하려는 것은 누구에게나 어려운 일인데도, 제 방식이 나쁜게 아닌가 생각하고 말았던 것입니다.

그리하여 몸도 마음도 지칠대로 지치고 만 것이었습니다. 그 뒤, 여동생이 조카들 때문에 가게에 잘 나올 수 없게 되었기에, 저도 가게를 쉬기로 했습니다.

지금은 가게도 그만 두었고 마음 편안하게 쉬면 되지 않느냐고 남들은 말했지만, 제 기분에는 전혀 여유가 없는 것이었습니다.

상식도 있고 선악(善惡)의 구별도 분명히 내릴 수 있는데도, 분명히 머리의 일부를 무엇인가에게 지배당하고 있는 느낌이었습니다.

마음 속의 진짜 제 자신은 분명한 목적과 계획을 갖고 생활하고 싶은 것입니다만, 그것을 할 수가 없으니까 하루 종일 먹고만 있는 것이었습니다.

제자신도 놀라고 말았습니다. 사실은 먹고 싶지 않은데, 마음이 안정되지 않아서 무엇인가 먹지 않고는 견디지를 못하는 것입니다. 그렇다고 해서 정신이 전부 마비가 되어 있는 것은 아니기에 너무 과식을 해서는 몸에 나쁘다는 생각도 한편으로는 분명히 할 수가 있는 것이었습니다.

제자신이 스스로 어떻게 된 것이냐고 스스로 묻고 싶은 심정이었습니다. 정말 말로는 표현하기 어렵도록 괴롭기 그지 없는 매일 매일이었습니다.

하지만, 역시 한 집안의 주부이니 이웃들과의 교제도 해야 하고, 일상 생활은 그런대로 꾸려가지 않으면 안되었습니다. 어떻게 해서든 제 마음을 본래의 상태로 돌려야겠다고 노력

했습니다.
 밑의 여동생이 소개해 준, 일류 대학병원의 선생이 치료하는 연구소에도 다녔습니다. 최면요법(催眠療法)도 받으러 다녀 보았습니다.
 여러가지 병과 노이로제도 용하게 잘 고친다는 절의 스님도 만나서 이야기도 들어보았습니다. 하지만 이야기하는 것이 납득되지 않아서 그곳은 다니지 않았습니다.
 보통 사람의 경우 같으면 절 안의 공기가 참으로 깨끗하구나, 공기가 참 향기롭구나 하는 것을 느낄만 한데, 저는 그때 그저 괴로울 뿐이었습니다.
 한달 동안 다닌 것이 고작이었습니다. 점(占)치는 분에게 찾아가 이름이니 살아갈 방향에 대해 점처보았습니다.
 마음의 여유가 있을 때는 즐거운 것입니다만, 그러한 상태에서는 오직 답답하고 괴로울 뿐이었습니다.
 여동생의 남편이, 그럴 때는 집에 가만이 있는 것보다도, 달리기라도 하는게 좋을텐데요, 하고 교외(郊外)의 넓은 곳에 데리고 가서 몇 바퀴고 함께 열심히 달려 주었습니다. 무엇이라도 좋으니까, 병을 고칠 단서를 찾기 위해 그야말로 필사적이었던 것입니다.
 하루, 하루를 사는게 두려웠습니다.
 제자신이 어떻게 되어 가는 것인지, 밑이 없는 깊은 수렁에 가라 앉아 가는 그런 느낌이었습니다.
 남편도 다정하고, 가족들도 한결같이 협력적이고, 여동생들도 이렇게 했으면 어떠냐고 말해 주어서 눈물이 나올 정도로 친절한 것입니다.
 제자신도 어떻게 된 것인지 통 영문을 알 수 없는 심정이었습니다.

바로 밑의 여동생과 가게를 함께 경영하고 있으면서, 제 기분이 이런 상태가 되기 전, 과거장(過去帳)[주 : 죽은 조상의 명부]을 만들기도 했는데, 그 이유는 집안의 오래 전 조상 어른들 이름을 잘 알 수가 없으므로 79세의 할머니가 아직 살아 계실 동안 정리를 해야겠다고 생각했기때문이었다. 그래서 숙모(叔母)님에게 가게를 부탁드리고 시골의 절에 가서, 스무개 가량 되는 이끼가 낀 묘석(墓石)을 깨끗하게 닦아서 계명(戒名)[주 : 죽은 사람에게 절에서 지어준 이름]을 베끼고, 과거장을 특별히 빌려서, 관청에서 알아낼 수 있는 최대한의 오래된 호적을 떼어 조사해 본 일이 있었습니다.

이때, 여러가지 그때까지 모르던 사실을 알게 되었고, 공양도 몇번이나 올리곤 했습니다. 그러한 것을 이야기한 절의 스님에게 저의 고민을 말씀드렸더니, 당신에게는 영혼이 빙의되어 있고, 또한 빙의되기 쉬운 체질이라고 말씀하였습니다.

여승이라도 된다면 고칠 수 있을 것이라고 했습니다. 또, 다른 고치는 방법으로는 절에서 묵으면서 불경을 읽고 절의 일을 하면서 석달 정도 있으면 좋으리라는 이야기도 하였습니다.

그러나, 저에게는 남편도 있고 생활도 해야만 합니다. 하루 하루를 필사적으로 살고 있는 상태인 저로서는 도저히 절에서 장기간 묵는다는 것은 불가능한 일이 아닐 수 없었습니다.

그렇다면 그밖에 어떤 방법이 있을까 생각에 잠기곤 했습니다. 어떤 종교인에게 제령(除靈)도 받았습니다만, 전혀 아무런 효과도 없었습니다.

그런 이야기를 하였더니 자기네 종교의 신자가 되어서 도

장에 다니면 더 강한 빛을 받으리라고 했습니다만, 도저히 그렇게 할 수도 없는 상태였습니다.

제 자신이 스스로의 마음을 전혀 갈피 잡을 수 없었고, 이대로의 상태가 줄곧 계속된다면 죽을 수 밖에 달리 방도가 없다고, 또 어째서 제가 이 지경이 되었을까 하고 제자신 못 견디는 그런 절망감에서 헤어날 수가 없었습니다.

거울 속에 비치는 제 자신의 얼굴도 어쩐지 지금까지의 제가 아닌 다른 사람의 얼굴인 것처럼 생각되었습니다. 자살하는 방법에 대해서도 여러가지로 생각해 보았습니다.

하지만 결국 제자 자살을 하게 되면 가족들에게도 큰 피해를 주게 될 것이고, 제 자신도 사실은 죽고 싶은 것은 아니니까 하고 스스로의 마음을 달래면서 괴로운 매일매일을 살고 있었습니다. 이럴 때, 저에게 구세주의 신(神)이 나타나셨던 것입니다.

같은 준회원이 된 여동생은 매우 책을 좋아했고 연구심이 왕성했습니다. 우연히 책방에서 눈에 띈것이 비스듬이 누어 있는 안동민 선생님이 쓰신 한권의 《제령(除靈)》책이었다고 합니다.

동생은 내용을 대충 살펴본 다음에 언니의 병도 고치고, 자기의 천식(喘息)도 좋아질 수 있지 않을까 생각하고, 다른 세권의 책도 곧 대륙서방(大陸書房)에 주문하여 괴로운 가운데에서도 저도 열심히 읽었던 것입니다.

저는 납득이 되었으므로 이것 밖에 없다고 생각했습니다. 그리하여 준회원이 되었습니다.

1980년의 12월 1일부터 '옴 진동수'를 마시기 시작했는데, 사흘 뒤에는 벌써 친구와 지장없이 이야기를 나눌 수 있는 상태가 되었습니다. 정말로 이상한 하나님의 힘을, 초능력자

(超能力者)인 안동민 선생을 통해 받은 셈이었습니다.
  그로부터 한달 동안은 매일 1홉 드리 컵으로 열잔씩 마시곤 했습니다.
  '옴 진동수'를 마시기 시작하자 숙변(宿便)이 나오는지, 다량의 변이 나왔습니다. 또한 설날이 저에게는 다시는 오지 않는 줄 알았었는데, 정말로 행복한 새해를 맞을 수가 있었습니다.
  그 뒤에는 다른 가족들에게도 마실 것을 권했고, 정량을 마시는게 좋다고 책에는 쓰여 있었는데, 나는 열잔이라는데 구애받지 않고 '옴 진동수'가 들어 있는 주전자를 항상 곁에 두고 매일 마시고 있습니다.
  제 마음 속에도 태양이 빛나기 시작했습니다. 마음이 대범해진 느낌입니다. 머리속이 언제나 정리되어 상쾌한 느낌입니다.
  지금, '옴 진동수'를 마시기 시작한 지 6개월이 되었습니다만, 별로 많이 자지 않아도 충분히 활동할 수가 있고 피곤해지는 일도 없어졌습니다.
  '옴 진동수'를 마시기 시작한 후, 석달 뒤에는 증언 테이프를 보내야 하겠다고 생각하면서도, 작년에는 아무 일도 하지 못했었기에 여러가지로 바빠서 늦게 되어 매우 죄송합니다.
  안선생님의 강력한 염력(念力)이 들어 있는 새로운 테이프를 보내 주시기 바랍니다.
  지금은 서양의학(西洋醫學)과 양약을 믿고 있는 세상이고, 눈에 보이지 않는 것은 믿지 않는 사람들이 거의 전부가 아닌가 합니다.
  제 자신도 죽음에 직면하지 않았더라면, 어쩌면 그들과 똑같았을지도 모른다고 생각합니다.

제4장 '옴 진동수(振動水)' 복용 가족들의 증언   119

　난치병에 걸려서 괴로워하고 있는 분들이 제발 이 '옴 진동수'를 알게 되었으면 하고 바랍니다. 서양의학·동양의학, '옴 진동수'에 의한 종합적인 치료가 원활하면 난치병도 고쳐지는 것이 아닌가 하고 안동민 선생님은 말씀하고 계십니다.
　사람들의 건강을 관리하는 분들, 사람들을 지도하시는 분들, 언제나 현재의 치료방법이 정말 좋은 것일까하고 엄격한 비판의 눈으로 보며, 개선할 여지가 있다고 생각되면 눈에는 보이지 않아도, 믿어지지 않아도 꼭 '옴 진동수'를 시험해 보실것을 권장합니다.
　아무리 꿈과 같은 것일지라도, 자기가 건강해지고 싶다든가, 이렇게 되고 싶다고 생각하는 념(念)은 강한 것이므로 하나님과 통하는 게 아닌가 합니다.
　현대 과학은 무섭게 발달하고 있으므로 우주에 진출할 수 있을지도 모릅니다. 바다 밑에서도 생활할 수 있게 될지도 모릅니다.
　주위만 자꾸 발달하고, 진짜 인간의 마음이 이대로 진보하지 않는다면 심각한 문제가 될 것입니다.
　많은 사람들이 '옴 진동수'를 마셔서 인간적으로도 진화하여 마음을 닦지 않으면 안된다고 생각합니다. 자기의 존재에 대하여 좀 더 생각하고 자기 자신을 더 향상시켜야 합니다.
　11월에 안선생님이 쓰신 책을 읽게 되었는데, 다음 해 3월에 신주쿠(新宿)에서 만날 수 있으리라고는 정말 꿈 밖의 일이 아닐 수 없었습니다.
　무엇이건 이야기할 수 있는 선생님, 사진에서 본 것 보다도 훨씬 젊으신 선생님, 연구원이니까 여러분들과 함께 연구해 나갑시다고 말씀하신 선생님, 저는 몹시 감격했습니다.
　하야시야 기꾸조오(林家木久藏)씨[주 : 일본의 유명한 코메

디안·탈렌트]도 호텔에서 만났고 '옴 진동수'를 마시고 있다
는 이야기도 들었습니다.
 호텔에는 일본 전국으로부터 원인불명의 난치병때문에 괴
로워하고 있는 분들이 많이 와 있었습니다. 보는 눈 앞에서
제령(除靈)하는 장면을 보여주셨고, 저는 새삼스럽게 제령
을 하지 않고도 '옴 진동수'만 마신 것으로 좋아진 것이니까
행복하구나 하고 새삼스럽게 느꼈던 것이었습니다.
 앞으로도 '옴 진동수'를 계속 마셔서 제 자신을 튼튼하게
만들고 다른 사람들에게도 권유해야겠다고 생각하고 있습니
다.
 온 세계 사람들이 모두 '옴 진동수'를 마시게 되어 정신이
대범해지고, 모두가 행복해지도록 기도를 드립니다. 마지막
으로 안동민 선생님과 그밖의 신세진 분들에게 깊이 감사드
립니다.
 앞으로도 잘 지도해 주시도록 부탁드립니다. 정말로 감사
했습니다.

(1981년 5월, 증언 테이프에서)

〈첫번째 편지〉

 안동민 선생님! 오랫동안 소식 전하지 못해서 죄송하게 여
기고 있습니다. 여동생도, 저도 덕분에 아주 건강하게, 일본
의 5월 하늘과 같은 기분으로 매일매일 즐겁게 지내고 있습
니다.
 선생님은 지금 서울에 계십니까? 아니면 프랑스에 계신가
요? 바쁘게 활약하고 계시리라 생각합니다.

제4장 '옴 진동수(振動水)' 복용 가족들의 증언

　고바야시(小林)선생님의 소개로 신주꾸(新宿)에서 선생님과 만날 수 있어서 행복했습니다. 중간에 다른 사람이 끼어들지 않고, 안선생님의 생각을 직접 들을 수 있어서 여간 기쁘지 않았습니다.
　저는 제 자신이 노이로제 상태가 된 뒤, 처음으로 의사에 대해 의문을 느꼈습니다. 의사들은 약을 투여하면 그것으로 의무가 끝났다고 생각합니다. 환자들이 별로 좋아지지 않아도 다른 방법을 생각하지 않고 또한 연구하려고 생각하지 않는 것이 불만입니다.
　물론, 여러가지로 자세히 연구하고 계신 선생들도 많다고는 생각합니다만, 불만은 사라지지 않습니다.
　사람들은 거의 모두가 어딘지 몸이 좋지 않아지면 의사를 찾아가고, 의사의 지시대로 따르면 의례히 좋아지는 것이라고 생각하고 있는게 사실이 아닌가 합니다.
　제 자신도 지금까지는 그랬던 게 사실입니다. 하지만 현실은 반드시 그렇지만도 않은 것 같습니다. 역시 자기 자신의 건강은 스스로 지켜 나가야만 하는 세상이 아닌가 합니다.
　저와 같이 정신적인 병을 앓는 환자에게는 신경안정제를 주고, 푸념을 들어주는 정도의 치료로서는 불완전한 것이라고 통감하는 것입니다.
　나의 막내 여동생 집 바로 근처에 커다란 국립정신병원이 있습니다. 여동생 집에 놀러갈 때나 돌아올 때 그 병원 주위가 큰 길이 되어 있기 때문에 그곳을 지나오게 되곤 합니다.
　이렇게 넓고 큰 건물 속에 얼마나 많은 정신병자들이 수용되어 있는 것일까? 과연 어떤 치료를 받고 있는 것일까? 여러가지 치료를 받아도, 사회에서의 보통 생활은 할 수 없는 게 아닌가 하고 복잡한 심정이 되곤 합니다.

언제나 신세를 지고 있는 저희 집 근처 병원의 원장 선생님이 작년에 간경화증(肝硬化症)으로 돌아가신 뒤, 젊은 의사 선생님이 병원장이 되셨습니다.
　조카가 입원했을 때, 언제나 병원에 가서 도왔기 때문에, 이 젊은 선생님이라면 저희들과 비슷한 나이니까, 혹시 안선생님의 책을 읽어 주실지도 모르겠다고 생각해서 말씀을 드렸더니 다른 일로 바쁘다고 하시면서 책을 읽어 주시지 않았습니다.
　저는 몹시 실망했습니다.
　그 선생님의 아버지도 얼마 전, 간장이 나빠져서 예순살 정도로 돌아가셨다는데, 본인들의 건강도 관리할 수 없는 것일까 하는 생각이 들었기 때문이었습니다.
　본인들은 아직 모르고 있지만, '옴 진동수'를 구하고 있는 사람들이 틀림없이 많으리라고 생각합니다. 모두가 건강해지도록 진심으로부터 기도 드립니다.
　선생님도 참으로 힘이 드시리라고 생각합니다. 역시 초능력자라고 해도 인간이니까요. 보급시키는 일과 치료하시는 일, 호텔에서 만나 뵈었을 때도 그렇게 느꼈습니다.
　저는 매일 선생님이 천명(天命)을 다하실 수 있도록 기도 드리고 있습니다.
　선생님, 부디 건강에 조심하셔서 다시 뵙게 될 때까지, 사모님과 가족들에게도 안부 전해 주시기 바랍니다.
(1980년 5월 4일자 편지)

〈두번째 편지〉

안동민 선생님, 그동안 안녕하셨습니까?
 새로 취입한 '옴 진동' 테이프를 보내 주셔서 참으로 고마웠습니다. 감사하다는 답례 편지가 늦어져서 죄송하기 그지 없습니다.
 매일, 염려해 주신 덕분에 행복하게 지내고 있습니다. 선생님께서는 굉장히 바쁘신 것으로 알고 있습니다.(주신 성원주(成願呪)는 소중하게 간직하고 있습니다.)
 일본은 지금이 가장 무더운 계절입니다. 나팔꽃의 화분에 심은 줄기가 바람에 흔들릴 때, 겨우 서늘함을 구하게 되는 요즈음입니다.
 어제는 대륙서방(大陸書房)에 전화를 걸었더니 안선생님이 쓰신 《방랑4차원(放浪四次元)》이 출판되었다는 이야기를 들었습니다. 곧, 두서너 군데 책방을 뒤져서 입수해 읽고 있습니다.
 지난 3월, 제 여동생은 선생님으로부터 손수 제령(除靈)을 받았고, 저희들은 다같이 고바야시 선생(小林先生)의 소개로 뵈올 수가 있어서 정말 기뻤던 것입니다.
 직접 뵈올 수가 있었기 때문에 더한층 친밀감을 느낄 수가 있어 곰곰이 생각하면서 읽고 있습니다.
 저도 그렇습니다만 안선생님과 같이 앞을 보는 눈이 없는 사람으로서는, 자기가 괴로울 때는 어떻게 해서든 구제를 받고 싶다고 생각하지만, 막상 좋아져서 급한 불을 끄고 나면, 지난 일들을 까맣게 잊어버리고 현실에 만족해 버리는 법입니다.
 선생님이 쓰신 책을 읽을 때마다, 선생님의 따뜻한 마음씨와 커다란 우주의식이 전해져 오곤 합니다. 저희들도 '옴 진동수'를 몸의 상태가 좋지 않았을 때와 같이 필사적인 마음을 가지고 계속 마셔서, 세상 사람들을 위해 무엇인가 도움이 되고저 합니다.

그날 그날의 생활에 구애받다가 망각하지 말고, 단 한 사람에게라도 더 많이 '옴 진동수'를 알려주고 싶다고 생각합니다.

몸이 불편한 분 가운데에는, 의사의 치료가 최고라든가, 어떤 종교를 믿고 있다든가, 실제로 어떤 종교의 신자가 된 후, 호감을 느끼지 못했으므로 그 종교에 대한 거부감 같은 것을 갖는 분이 많다는 것을 알았습니다.

그런데, 현대는 고속 정보화시대이므로, 불편한 몸인 이런 분들의 느낌을 알고 있는 것과 모르고 있는 것과는 크게 차이가 많다고 생각합니다.

무엇인가 새로운 정보를 구하고 있는 분에게는 좋지만, 현재 생활에 그런대로 만족하고 있는 분을 설득시킨다는 것은 정말로 어려운 일이라고 생각합니다.

하지만, 반드시 올바른 안선생님의 생각이 넓게 세상에 보급되리라고 생각합니다.

'옴 진동수'를 빨리 어디에서나 마실 수 있게 되는 날이 오기를 기대하고 있습니다.

8월에 여행을 할 예정인데, 그때는 '옴 진동수'를 마실 수 없을 것 같아서 어찌하면 좋을까 지금부터 걱정입니다.

선생님, 또 머지 않아 일본에 오시는 것은 아닌지요.

만일 오시게 되거든 꼭 저희 자매들도 이야기를 들을 수 있게 하여 주십시오.

부탁드립니다. (後略)
(1981년 7월 16일 편지에서)

(주 : 매우 정신적으로 스트레스(긴장감)가 많은 생활을 하고 있는 것이 현대인이다. 육체는 자신에게 가해지는 고통이 극도로 커지면 기절한다. 그와 마찬가지로 스트레스가 너무 커서 견디기 어렵게 되면, 마음은 노이로제 또는 분열증 따위 정신병의 영역을 도피하게 되는 것이다.

5명의 현대인중 2명 정도는 생애의 어느 시기에 노이로제를 앓은 일이 있다고 말해지는 것도 당연한 일인 것이다.

'옴 진동'은 보통 때는 우리들 귀에는 들리지 않는 이 우주에 편재하는 생명의 울림, 언령(言靈)인 것이다. 햇빛이 자연스럽게 비치면 그저 따뜻할 뿐이지만, 볼록 렌즈로 초점을 맞추어 주면 종이는 불이 붙는다.

이와 마찬가지로 필자가 녹음 테이프에 취입한 '옴 진동'은 염력(念力)이 집결된 하나의 강력한 파동(波動)인 것이며, 그 울림을 재생시킬 때, 전기와 자력(磁力)과 염력이 작용해서 하나의 장을 형성하는 것이다.

그 '옴 진동'의 특수한 필드(Field)속에 사로잡혀진 마이너스 전기를 띈 전자는 물의 원자에 달라붙게 되어 '옴 진동수'는 마이너스 이온화되고 지구의 자력을 좀더 힘차게 잡아 당기는 중수(重水)로 변하게 되는 것이다.

인공적으로 만든 중수(重水)에 라디움 방사능을 흡수하는 힘이 있다는 것은 이미 널리 알려진 사실이지만, 백혈병에 걸려 죽음을 며칠 앞둔 중환자가 방사능 치료를 받아서 생긴 심한 부작용 때문에 거의 죽어가던 것이 '옴 진동수' 복용과 더불어 신속히 회복된 예가 있는 것을 보면, '옴 진동수'가 분명히 중수(重水)임을 알 수 있고, 방사능병(放射能病)에 유효하다는 증거가 아닌가 한다.

정신적인 심한 스트레스로 말미암아 몹시 정서가 불안정했던 하라자와 여사가 '옴 진동수' 복용과 더불어 체질이 바뀜과 동시에 성격이 너그럽게 변한 것은 실로 놀랄만한 현상인 것이다.

　이것은 '옴 진동수' 복용으로 말미아마 환자의 마음과 육체의 파동이 우주의식과 동조되게 된 데서 생긴 현상이다.

　어떠한 방법으로든 인간의 마음이 우주의식과 동조되게 되면 안정을 되찾기 마련이기 때문이다.

　대체로 보아서 노이로제 같은 병에 걸린 사람은 자기 자신의 껍질 속에 숨어서 타인의 일에 대해 관심을 갖지 않는 법이다. 그러한 뜻에서 하라자와 여사의 정신적인 변화는 정말 대단한 것이라고 하지 않을 수 없다.

〈증언 • 11〉

선인(仙人)이 되는 단식행의 길

島根縣平田市東鄕町188代宮家
常 松 三 峰

저는 스물 한살 되던 해 부터 18~19년 동안 몇번이나 단식(斷食)해서 완전히 음식을 끊을 것을 목적으로 수행해 왔습니다. 그러나 어떤 시점에 오면 공복감을 견딜 수 없어 음식을 먹게 되어, 고작 8일 전후의 단식으로 끝나곤 했었습니다.

그런데 '옴 진동수'를 마시면서 단식을 시작했더니 8일이 지나도, 어느 때는 한달이 지나도 전혀 배고픈 느낌이 들지가 않아, 저는 지난 10여년 동안 염원해 왔던 음식의 완전 단식을 거의 성공시키고 있는 상태입니다.

단식(斷食)을 시작한 지 오늘로서 70일 째가 됩니다만, 지금까지 쌀밥을 먹은 것은 두번 뿐입니다. 하지만 배고픈 감각은 전혀 없으며, 다만 역시 체력이 떨어져 피곤감을 느끼므로, 너무 몸이 허약해져서 움직이는 것이 힘에 겨웁게 느껴지게 되면 꿀을 조금 핥아 먹든가, 수저로 3개 정도의 밀가루에 간장을 섞어서 먹곤 합니다.

'옴 진동수'를 마시게 되면 공복감이 없어진다고 안선생님은 책에 쓰고 계십니다만, 그 말씀이 사실이었음을 저는 분명히 인식하게 되었습니다.

대체로 음식을 먹지 않으면 살아갈 수 없다는 생각은 인류의 잘못된 생각이며, 우리들의 잘못된 잠재의식에서 비롯된 것이라고 봅니다.

우리들의 잠재의식이 그렇게 굳게 믿고 있기 때문에 배가 고파지고, 음식을 먹지 않고는 살아나갈 수 없는 것일 뿐, 만일 단식(斷食) 훈련을 쌓아서 몸을 통해 잠재의식에서 음식을 먹지 않고서도 살아갈 수 있음을 굳게 믿도록 할 수만 있다면, 사실상 음식을 들지 않고도 살아갈 수 있게 되는 것입니다.

식물은 물과 태양의 에너지만으로 성장합니다.

인간이란 하나님의 신격(神格)이 물질화된 것이며, 본질은 신 그 자체인 것입니다. 신 그 자체라고 함은 만능(萬能)이라는 뜻입니다.

만능이라고 함은 온갖 능력을 갖고 있다는 뜻입니다. 본래 만능이며 신인 인간은, 식물(植物)의 능력과 기능도 사실은 갖고 있는 터입니다.

하지만 사람들이란 음식을 먹고 살아가도록 태고시대(太古時代)부터 습관이 되어 버렸고, 물과 태양의 에너지만으로도 살아갈 수 있는 식물과 같은 기능은 퇴화되어 잠들어 버렸기 때문에, 태양 에너지를 직접 빨아 들이지 못하고 음식을 통해 흡수하지 않으면 안되게 된 것입니다.

따라서, 사실상 인간도 음식없이 살아갈 수 있음을 자각(自覺)하고, 실제로 단식(斷食)의 수련을 쌓아 그렇게 되도록 애쓴다면, 지금까지 잠들고 있던 식물로서의 기능, 즉 태양 에너지의 직접 흡수능력이 차차 눈뜨게 되어 공기와 물만으로도 살아갈 수 있게 되는것입니다.

요가의 뛰어난 행자(行者)들 가운데에는 음식을 완전히 단절하는 분들도 많은 모양입니다.

일본에서도 선인(仙人)은 아지랑이를 먹고 살아간다는 이 야기가 전해 내려옵니다만, 이것은 단지 선인의 초인성(超人性)을 뜻한게 아니고, 글자 그대로 수행의 극치의 경지에 이른 선인(仙人)이라고 말해지는 사람은, 공기와 물만으로 살아갔던게 사실인듯 합니다.

먼 옛날의 예를 들지 않아도 명치시대에 구니야스선인(國安仙人)이라는 분이 완전히 음식을 들지 않고 살아갔다는 것입니다. 그래서 죽을 때는, 완전히 육체(肉體)가 유체화(幽體化)되어 있었기 때문에 시체를 남기지 않고 유계(幽界)로 갔다고 말해지고 있습니다. 시체를 뒤에 남기지 않고 죽는 것을 시해선(屍解仙)이라고 말하는 모양입니다만, 최근에는 도쿄의 이찌께야(市ケ谷)에 매일의 식사는 수저 하나 정도의 밀가루 뿐인 그런 사람이 있다고 책에 소개되어 있었습니다. 항간에서는 이찌께야 선인이라고 불리워지고 있다는 이야기입니다만, 음식을 끊은 사람은, 명치 이후로는 이들에 이어 아마도 제가 세번째 인물이 되지 않나 생각됩니다. 이대로 계속될 경우 이야기입니다만…….

그러나 저도 '옴 진동수'를 몰랐더라면 할 수 없었다고 생각합니다.

'옴 진동수'를 알게 됨으로써 그것이 점점 가능해져가고 있는 것이라고 생각합니다. 이제 저는 하루종일 옴 진동수님! 하고, 아무리 감사해도 부족할 지경인 것입니다.

여러분들도 완전히 음식을 끊을 수는 없어도, '옴 진동수'를 마시면서 조금씩 음식의 분량을 줄이려고 애쓴다면, 아주 적은 분량으로 충분해질 것으로 생각합니다. 음식을 끊는게 어려우면 분식을 들면 좋을 것으로 생각합니다.

우리들이 질병에 걸리는 것도, 음식을 소화시키려고 내장을 혹사하고, 또한 정력을 음식물 소화에 빼앗겨서, 생명의 기(氣)가 부족하게 되기 때문인 것입니다. 따라서 분식으로 바꾸면 음식을 소화시키는데 정기를 빼앗기는 일이 감소되어 건강 증진에 큰 효과가 있는 것입니다.

영평사(永平寺)의 선승(禪僧)들 식사는 하루에 두 공기의 죽과 짠무 뿐인데, 단지 그것만의 식사로 보통 사람 이상으로 건강한 것은 그러한 이유 때문이라고 생각합니다. 음식을 먹지 않든가, 또는 분식을 들면서 '옴 진동수'를 마시면 상승효과로 그 효능은 실로 놀라운 바가 있습니다.

저는 간장이 매우 나빠서 황달 기운이 늘 있었고 손톱은 언제나 노랗게 변색되어 있었습니다.

집 가까이에 홍농(紅瀧)이라는 폭포가 있었는데, 그곳에서 영능력을 개발하는 것도 겸해 매일 폭포수를 맞곤 했습니다만, 폭포수를 맞고 있는 동안은 물의 차거운 자극때문에 게으름을 피우던 간장이 정상으로 작동하는지, 손톱은 제색이 되었는데, 사흘만 지나면 또다시 노랗게 변색하곤 했었습니다. 허기야 손톱이 변색하는 것 자체는 대단한 일이 아니지만, 황색이 되면 간장의 해독작용(解毒作用)이 약해져 얼굴에 병색이 나타나곤 하는 것이었습니다.

그래서 정말 난처 했었는데, '옴 진동수'를 마시게 된 뒤로는 며칠씩 폭포수를 맞지 않아도 전혀 손톱은 변색되지 않게 되었고, 보기에도 건강한 핑크 빛을 항상 띄우게 되었으며, 얼굴의 누렇던 병색(病色)도 어느덧 사라져 버린 것이었습니다.

손톱은 모세혈관과 신경이 집중된 곳이어서 건강의 바로미터(척도)라고 말해지고 있는 부분입니다만, 손톱 색깔만을 보고도 '옴 진동수'는 정말 놀라운 효과가 있구나 하고 감탄한바 있습니다.
 더러운 이야기가 되어 죄송합니다만, 재미있는 것은 방구라고 하는 것이 음식을 먹었을 때 나오는 것인데, '옴 진동수'의 경우, 음식을 들었을 때 보다도 먹지 않았을 때가 더 많이 나온다는 것을 알았습니다.
 약을 먹는 경우도 식후보다는 식전에 드는 것이 보통인데, 그것은 음식이 들어가면 약의 효과가 적어지기 때문인듯 하며, '옴 진동수'의 경우도 음식을 들지 않았을 때 마시는 편이, '옴 진동수'가 지닌 생명력을 완전히 흡수해 몸 안에 고여 있는 독가스를 배설하기 쉽기 때문인듯, 음식을 들지 않았을 때 방구가 더 잘 나오는 것 같습니다.
 음식을 들지 않았을 때 또는 분식을 들면서 '옴 진동수'를 마시게 되면, '옴 진동수'에서 얻은 생명자기(生命磁氣)와 우리들의 호흡에서 얻은 프라나, 정기(精氣)는 육체를 강화시키는데 소비되지 않고 주로 유체(幽體)의 형성 쪽에만 쓰여지기 때문에, 급속도로 유체(幽體)는 진화, 발달되는 것으로 생각됩니다.
 육체가 유체화(幽體化)되어 가게 되면, 육체는 점점 음식물을 필요로 하지 않게 되며, 이에 따라서 잠을 자는 것이라든가, 성욕이라든가, 그밖에 가지가지 육욕(肉慾)은 줄어 들어 우리들은 육신(肉身)으로 말미암아 생기는 일체의 번뇌에서 해탈(解脫)이 가능해지는게 아닌가 생각됩니다.
 그리하여 최고로 발달되면, 죽을 때는 그대로 유계(幽界)로 떠나게 되어 시체를 뒤에 남기지 않아도 되는 것이라고 생각합니다.
 육체를 지닌채 유계(幽界)로 갈 수 있다는 것은, 반대로 유계 또는 영계(靈界)로부터 언제든지 원하면 이승에 나타날 수도 있다는 뜻이니까 저는 그렇게 되는 것을 최종 목적으로 삼아 나머지 여생을 '옴 진동수' 복용과 단식에만 전념할 생각입니다.

앞서 이야기한 명치시대에 살았던 구니야스 선인(國安仙人)도 죽은 지 며칠 뒤에 딸에게 돌아와서 딸을 놀라게 했다는 이야기가 전해 내려옵니다만, 저희들도 그와 같은 경지까지 이르고 싶은 심정입니다.

앞으로는 천변지이(天變地異) 등으로 식량위기가 찾아올 것이라는 말이 있습니다. 그러한 때, 배불리 먹지 않으면 살 수 없는 습관이라고 하면, 식량이 부족하게 되었을 경우, 괴로움을 당하는 것은 결국 자기 자신뿐인 것입니다.

그런 경우를 위해서도 지금부터 단식 수련을 쌓는다든가, 소량 식사로서 만족할 수 있는 습관을 붙여두는 것은 아주 뜻 깊은 일이라고 생각합니다.

'옴'은 아이·엠(I am)이 줄어든 낱말이 아닌가 합니다. 아이·엠은 아시다시피 나는 무엇 무엇이다 라는 말입니다만, 무엇 무엇이라는 대목에 식물이라는 말을 넣게 되면, 식물이라는 말이 되고, 하나님이라는 말을 넣으면 나는 하나님이라는 뜻이 되며, 바보라는 말을 넣으면 나는 바보라는 뜻이 되는 것입니다.

즉, 아이·엠……이라고 하는 것은, 삽입한 말 그대로 희망하는 무엇이든 될 수 있다는 만능성(萬能性)을 나타내는 말인 것입니다. 그러니까 '옴 진동수'를 마신다는 것은, 아이 엠화(化)해서 만능성(萬能性)을 지닌 본래의 인간으로 복귀한다는 뜻인 것입니다.

자기는 식물이 되어서 물과 태양 에너지만으로 살아가게 될것이라고 결심하고 바란다면, 곧 그와 같은 인간이 될 수 있다는 이야기입니다.

 인간이란 자기가 원하는 어떤 존재로 변할 수 있는 것이며, 우리들이 그렇게 될 수 없는 것은 한마디로 말해서 처음부터 그런 것은 불가능하다고 자기 한정을 만들어 바라지 않기 때문인 것이며, 인간은 결심 하나에 따라서 또 수행하기에 따라서 어떤 변신도 가능하다고 봅니다.

 신으로서의 전능성(全能性)을 회복시켜 주는 '옴 진동수'를 마시면서 우리들이 바라는 존재로 변신할 수 없다는 것은 매우 모순된 이야기입니다.

 우리들은 모름지기 얼른 보기에 불가능하다고 생각되는 것에도 과감하게 도전해 나가야 한다고 봅니다.

 '옴' 진동음을 직접 몸에 쪼이니까 처음에는 타올에서 아주 고약한 냄새가 풍기곤 했습니다만, 차차 냄새가 나지 않게 되었습니다. 몸 안에 고였던 독소도 거의 바깥으로 빠져나간 결과라고 생각합니다. 그 탓이 아닌가 합니다. 몸의 건강 상태는 유난히 좋아졌으며, 비 오는 날 아팠던 신경통도 완전히 좋아졌습니다.

 저의 경우는 지금까지 수양한 밑바탕이 있었던 탓인지, 아니면 음식을 완전히 끊고 마시고 있었던 탓인지, 여러가지 영적(靈的)인 힘도 강해진 것 같습니다. 이를테면 지금까지와는 달리, 몸이 저린 부위라든가 통증같은 것을 마음대로 조절할 수 있게 된 것입니다.

 제 주위에도 '옴 진동수'를 마시면서 별다른 효과가 없다고 투덜거리는 사람들은 있습니다. 배불리 식사를 하고, 하루에 한되를 마시라니 미친 수작이라고 투덜대는 것입니다만, 이것은 당치도 않은 이야기라고 생각합니다.

 소변이 너무 잦아서 난처하다느니 뭐니 하면서, 지금까지의 나쁜 생활습관을 전혀 고치려 하지 않고 우음마식(牛飮馬食) 하면서 '옴 진동수'의 효과를 의심한다는 것은 당치도 않은 이야기인 것입니다.

아무리 '옴 진동수'가 생명자기(生命磁氣)에 가득찬 물이라고 하더라도 나름대로 그 힘을 끌어내려면 마시는 사람들의 노력과 성의와 역량이 필요한 것입니다.

아무리 좋은 것이라도 그 속에서 좋은 것을 끌어내는 노력을 하지 않는 한, 또한 믿지도 않으면서 영적(靈的)인 힘의 도움을 받으려는 것은 모순된 이야기가 아닌가 합니다.

회비가 비싸니 뭐니 불만이 대단한 사람들을 보고 좀 신경에 거슬렸습니다만, 아무런 노력도 하지 않고 믿지도 않고 '옴 진동수'의 덕만 보려는 것은 너무나도 달콤한 이야기가 아닌가 합니다.

〈증언 • 12〉

악성 피부병이 완쾌되었다

재중국 교포
박 정 일

나는 본시 고질적 악성 피부병인 아토피(건선 습진)를 오래 전부터 앓고 있었다. 그래서 발병할 때마다 병원 치료를 받곤 했었다. 그러면 어느 정도 좋아지기는 했는데, 완치되기는 어렵다고 했다.

난치병 가운데 하나라는 이야기였다.

이번에 한국에 와서 머무는 동안, 물이 바뀐 탓인지 다시 발병해서 사람들을 대하기가 곤란한 정도가 되었다. 잘 모르는 이가 보면 문둥병이 아닌가 오해받을 정도였다. 한국번역가협회를 찾아갔을 때 회장인 방선생의 소개로 체질개선연구원을 운영하고 계시다는 안동민 선생을 만나서 중국어로 번역된《경이의 심령수》책을 받아 읽고 큰 감명을 받았다.

이 책에 실린 내용은 정말 믿기 어려운 놀라운 임상경험들이었다. 방선생에게 부탁을 해서 '옴 진동'이 든 테이프로 물을 진동시켜 마시기 시작한 지 1주일만에 큰 변화가 일어나기 시작했다. 심한 변비였던 것이 숙변(宿便)이 나오고 매일 활변을 보게 되었다.

가려운 증상이 없어지고 '옴 진동수'로 목욕을 했더니 딱지가 생겼다가 떨어지고 언제 앓았더냐 싶게 완쾌되었다. 안선생의 말씀에 의하면, 콩팥에서 발생한 유독가스가 피부로 나와서 아토피의 원인이 된다고 하셨다. 근본적으로 체질이 바뀌고 콩팥의 기능이 좋아지기 때문에 피부병이 완쾌되었다는 이야기였다.

  안선생과 만나서 그분이 개발한 새로운 의학이론을 듣고 놀라움을 금치 못했다. 양방과 한방을 종합 정리한 그의 의학이론을 들으니, 옛날의 화타편작이 거듭 태어난게 아닌가 하는 느낌이 들기도 했다.

  더구나 소리로 바뀐 염력(念力)을 녹음한 테이프로 물의 성질을 바꾸어 글자 그대로 생명수로 변하게 한다는 것은 정말 놀라운 일이 아닐 수 없었다.

  내가 살고 있는 중국 땅에도 많은 불치 난치병 환자들이 있는데 안동민 선생님이 개발한 '옴 진동수' 테이프의 보급이 하루 빨리 이루어졌으면 하는 마음 간절하다.

〈재중국(在中國) 교포〉

〈증언 • 13〉

나는 당뇨병에서 해방되었다

농업협동조합 근무
성 백 능

내가 진동수 가족이 된지도 벌써 10년이 가까워 온다. 정기적으로 행해지는 은행 직원들의 신체검사에서 나는 당뇨병을 앓고 있음을 알게 되었지만, 그 당시는 나이가 젊었던 탓도 있었고, 당뇨병이 어떤 병인지 잘 몰랐다는 것과 몸의 관리를 소홀하게 생각해 아주 중증의 당뇨병을 앓게 되었다.

조갈증이 아주 심해서 거의 5분마다 물을 마셔야 하곤 했었다. 이 때문에 밤에 제대로 잠을 자지 못했고, 만성적인 피곤에 시달리곤 했었다. 뒤늦게 식이요법을 택했으나 결과는 시원치가 않았다.

인슐린 주사를 정기적으로 맞는다는게 어쩐지 아편주사를 맞는 것 같은 느낌이 들어 주사요법은 끝까지 쓰지 않았다.

바쁜 직장생활 덕분에 출퇴근 말고 따로 시간을 내어서 운동을 한다는 것도 어려운 형편이었다. 자신의 건강에 자신을 잃고 고민하던 중, 우연히 단골 서점에 들렀다가 안동민 선생이 쓰신 《경이의 심령수》라는 책을 사서 읽고 큰 희망을 갖게 되어 삼청동에 사시는 안원장님을 찾았다.

나의 이야기를 들은 안원장님은 대뜸 "당뇨병은 '옴 진동수'만 열심히 마시면 체질이 바뀌어지면서 완쾌됩니다. 우선 2개월 가량 마시면 당뇨병 증상, 즉 조갈증 같은게 없어지지만, 혈당에는 별로 변화는 없을 것입니다. 실망하지 말고 계속 복용하시면 당뇨병 후유증상도 차차 사라질 것입니다. 100일에서 150일 마시면 혈당도 완전히 정상이 될 것입니다.

당뇨병 체질에서 정상체질로 바뀔테니 한번 노력해 보세요."하는 이야기였다.

안원장이 60이 가까운 분인데도 얼굴빛은 어린이와 같은 맑은 피부인데 믿음이 가서 준회원이 되었다.

안원장이 말씀하신 것은 모두가 사실이어서, 그대로 체험하게 되었다.

6개월이 지난 뒤에 병원에 가서 혈당검사를 받았더니 350까지 높았던 혈당이 140으로 거의 정상에 가까워져 있었다. 이 뒤에는 안심을 했으므로 혈당검사는 다시 받지 않았다.

안원장님과는 이것을 계기로 아주 친밀한 사이가 되었다.

당뇨병때문에 고민하시는 분들에게는 '옴 진동수' 가족이 되기를 권하지만, 인연이 없는 분은 내 말을 좀처럼 믿으려고 하지 않는다. 안타까운 일이 아닐 수 없다.

〈증언 • 14〉

'옴 진동수' 복용으로 선수생활 연장되다

전 세계 주니어미들급 챔피언
유 제 두

벌써 여러 해 전 일이다.

나는 일본에서 개최된 와지마 선수와의 대결에서 참패하여 세계 타이틀을 잃고 난 뒤, 의기소침하여 매사에 의욕을 잃고 선수생활을 포기할 직전에 놓여 있었다.

이때 나의 코치였던 분의 아들이 길가에서 놀다가 손수레에 치어 원인불명의 앉은뱅이가 되었는데, 병원에서는 아무리 정밀 검사를 해도 이상이 없다는 이야기였다. 일어서지를 못하고 엉금엉금 기어다니는 형편이었다.

그런데, 이 아이의 아버지가 어디선지 안원장의 이야기를 듣고 아이를 데리고 찾아 갔는데, 한번 만져준 것만으로 아이가 벌떡 일어서서 뛰기까지 했다는 이야기였다.

이 코치분의 권유로 안원장님을 찾은 것이 인연이 되어 나는 '옴 진동수' 복용 가족이 되었다,.

우선 마음의 변화가 왔고, 건강도 아주 좋아졌다. 그래서 별 탈없이 선수 생활을 계속할 수가 있었다.

안원장님은 각별히 나를 아껴주셨고 세계 미들급 선수권을 따도록 하라고 만날 때마다 용기를 북돋아 주시곤 했었다. 그 무렵 주호선수도 '옴 진동수' 가족이 되어 있었다.

안원장님은 무슨 일이 있어도 주호 선수와 대결해서는 안된다고 적극 말렸는데 나는 그 충고를 어기고 말았다.

  그 결과 나는 크게 충격을 받았고, 또 더 이상 맞는 것도 싫어져서 선수생활을 그만두고 말았다.

  그러나 '옴 진동수'는 지금도 계속 마시고 있다.

  대개의 선수들은 선수 생활을 그만둔 순간, 급격하게 체중이 늘게 마련인데 나는 '옴 진동수' 복용 덕분에 그런 일도 없고 아주 건강은 좋은 편이라고 생각한다.

〈증언 • 15〉

우주의식(宇宙意識)에 눈 뜨다

서울시 강남구 반포 본동 반포아파트 106
김 사 헌

  제가 처음으로 안선생님을 찾은 것은 대학 재학 시절인데, 75년도 8월 5일 무렵이 아니었던가 합니다.
  그때는 여름 방학 때였고, 심령과학 시리즈가 우리나라에 처음 소개되어 1~2권을 보았는데, 내용이 수긍이 갈 뿐더러 저자인 안선생님이 저의 고등학교의 선배도 되고 하기 때문에 직접 여러가지 질문을 해보려고 찾아 갔던 것이 인연이 되어 10년이나 계속 '옴 진동수'를 마시게 된 것입니다.
  제가 처음 여기에 찾아오게 된 동기는 여러가지 이론에도 공명할 수 있었지만, 그보다는 어려서부터 저의 한쪽 팔 기능이 좋지 않아서 그것을 효과적으로 회복시킬 수 없을까 하는 희망을 가졌기 때문이었습니다.
  그때는 지금과 같이 '옴 진동'을 녹음 테이프에 녹음해서 보급하기 전인 실험단계였었기 때문에, 안선생님이 만드신 옴 진동 테이프에서 나오는 진동음을 전화를 통해서 보내 주시던 시절이었습니다.
  그래서 열심히 '옴 진동수'를 만들어 마시고 처음에는 한달에 한번씩, 나중에는 일주일에 한번씩 직접 연구원에 찾아가서 체질개선의 시술을 받곤 했습니다.
  체질개선의 시술을 받는 과정에서 몸이 뜨거워지고 좋아

지는 것을 느꼈습니다. 저는 제령(除靈)은 해당 사항이 없다고 해서 받지 않았습니다.

그래서 안선생님이 책에 쓰신 이론(理論)은 하나의 가설(假說)이 아니고 사실임을 깨닫게 되었습니다.

'옴 진동수'를 마시기 시작한 지 2년쯤 지난 뒤에, 음양(陰陽)에너지 증폭기인 은(銀)박클도 만들어 차게 되었는데, 이 때 몸에 필요 이상의 에너지가 들어와서 며칠 동안 머리가 뻐개지는 것 같이 아파 잠을 자지 못해 혼이 난 일이 있었습니다.

그뒤 알게 된 일은 제 머리의 골상(骨相)이 변했다는 사실이었습니다. 머리 뒷골의 오른쪽 부분이 만져 보아서 알 수 있을 정도로 튀여 나온 것입니다.

스물이 훨씬 넘은 나이에 두개골에서 새로운 발달이 있다는 것은 현대의학의 지식으로서는 있을 수 없는 일이지만, 저에게는 실제로 그런 일이 생겼던 것입니다.

또한 심경(心境)에도 많은 변화가 일어났는데, 제자신 개인보다는 전체 인류사회의 발전을 위해 무엇인가 공헌할 수 있는 인간이 되어야겠다는 커다란 소망을 갖게 되었고, 인류적인 또는 우주적인 차원에서 많은 것을 생각하게 되었으며, 또한 그 방면에 관한 연구 서적들을 구해서 탐독하는 습관을 갖게 되었습니다.

지금의 저는 완전한 건강체일 뿐더러, 안선생님을 도와서 가능한 한, 인류사회의 생존발전에 공헌하겠다는 결심 위에서 매일매일의 생활을 성실하게 살아가고 있는 중입니다.

또한 제 자신도 나름대로 '옴 진동'을 할 수 있게 되었고, 78년부터는 '옴 진동수'만 마시는 것만으로는 소극적이라는 생각이 들어서 태양 에너지를 장심(掌心)으로 빨아들여서 송과체(松果體)를 발달시키는 법도 안선생님의 지도를 받아 할 수 있게 되었습니다.

그 결과 지금은 나름대로 미래에 대한 투시능력과 예언능력이 서서히 개발되어 가고 있음을 느끼고 있는 중입니다.

'옴 진동수'의 장기복용과 그밖에 안선생님이 개발한 방법을 열심히 수련하면 지금의 인류와는 다른 초인종(超人種)으로 변신(變身)이 가능함을 믿어 의심치 않는 바입니다.

〈증언 • 16〉

심장(心臟)의 구멍이 막혔다

경기도 부천시 삼정동 200
김 옥 금

저의 아이는 선천적으로 심장 판막에 구멍이 뚫려, 조금만 기침을 해도 금시 숨이 멎을 것 같이 새파랗게 질리곤 하는 것이었습니다.

단골 의사의 말씀으로는 수술을 받는 수밖에 달리 방법이 없으며, 그것도 성공률은 반 정도에 지나지 않는다는 것이었습니다. 어쨌든 수술비용이 천만원 가깝게 든다는 것이어서 아직껏 셋방 신세를 면하지 못하고 있는 저의 형편으로는 상상도 할 수 없는 많은 돈이어서 엄두도 내지 못했던 것이었습니다.

마침 이웃에 살고 계시는 조용출씨로부터 안선생님에 대한 말씀을 듣고, 준회원이 되려고 하였습니다만 완고한 무신론자(無神論者)인 남편의 맹렬한 반대로 어쩔수가 없었습니다.

하는 수 없이, 조선생 댁에서 '옴 진동수'를 매일 받아다가 아이에게 마시게 한지 한달이 지났습니다. 그동안 아이는 전과 같이 심한 기침을 하는 일이 한번도 없어서 이상하게 생각하고 있었습니다.

한달째 되던 날, 언제나 다름없이 병원에 검진을 받으러 갔더니 단골 의사가 자꾸만 고개를 기웃거리는 것이었습니다.
"이 아이에게 그동안 무슨 특별한 치료라도 받게 하였나요?"

하고 물었으므로, 설마 '옴 진동수'를 마시게 했다고 설명할 수가 없어서 아무것도 하지 않았노라고 대답했더니,

"이것은 정말 기적입니다. 댁의 아이는 이제 완전히 정상입니다. 심장의 구멍이 저절로 막혔기에 수술할 필요가 없어진 거죠. 참 이상한 일이군요!"

하는 말씀이었습니다.

그런 말을 들어도, 저는 그 자리에서 의사 선생님의 말씀을 좀체로 믿을 수가 없었던 것입니다만, 여러가지 증상으로 보아서 아이가 정상이 된 것은 틀림없다고 생각합니다.

안동민 선생님의 광대한 신통력을 가진 '옴 진동수'에게 진심으로부터 감사드리는 바입니다.

〈증언 • 17〉

중증(重症)이었던 결핵이 완치되다

서울시 종로구 옥인동 47~458
김 문 수

저는 이곳 체질개선연구원을 이상한 인연으로 찾게 되었습니다. 그러니까 76년도 가을이었다고 생각되는데, 그 당시 저의 어머니는 상당히 오래된 고질 병을 앓고 계셨어요.

소위 말해서, 안면 와사증이라고 하는 중풍과는 조금 다른 형태의 병인데, 한쪽 눈과 입이 뒤틀려서 얼굴이 조금 찌그러진 모습이고, 한쪽 팔과 다리가 더운 계절에도 굉장히 추위를 느끼는 그런 상태였습니다.

또한 1~2년 정도의 질병이 아니고 20년 가량된 난치병이기 때문에 좋다는 방법은 다 써보았지만 별 효과가 없었던 것입니다.

그동안 경희대학교 의료원에도 다녔고, 대학병원 신세도 많이 져보았지만, 이렇다 할 좋은 결과를 얻지 못했었는데, 고등학교 동창생인 이사헌군이 안선생님을 소개해 주어서, 어머니를 모시고 연구원에 찾아 갔더니, 100일 동안 '옴 진동수'를 마셔보고 어느 정도 차도가 있거든 찾아오라는 진단을 받았던 것이었습니다.

그러나 그 당시는 아직 '옴 진동' 테이프가 만들어지기 직전이었기에 전화를 통한 진동을 받아야 했고, 심지어는 연구원까지 주전자를 갖고 와서 물을 가져 가야만 했던 형편이었습니다.
　그런데 진동수를 마시기 시작한 지 일주일도 되기 전에 저에게는 심한 변화가 찾아왔습니다. 설사를 하고 방구가 많이 나오며 수면제 먹은 것처럼 잠이 쏟아져 왔으나 어머니에게는 별다른 변화는 찾아 볼 수가 없었던 것이었습니다.
　저는 고등학교 2학년 말에, 십이지장 출혈로 죽을뻔한 일이 있었고, 그뒤 만성적으로 위장 계통이 좋지를 않았고, 어떤 약으로도 완쾌가 되지 않았던 것이었습니다.
　위장병이 생긴 뒤, 6~7년 동안 몹시 고생을 했고, 암포젤엠을 마신 것도 얼마가 되는지 헤아리기 어려울 정도입니다. 그래서 위장병은 절대로 완쾌되기 어렵다는 생각을 가졌었는데 그런 난치병이 진동수를 마시기 시작한 지 몇달만에 완치된 것입니다. 또한 저는 결핵도 있었는데 이 병도 함께 완쾌가 되었습니다.
　진동수를 마시고 또한 스피커를 이용한 진동 치료를 한 결과, 병원에서는 절대 완치되기는 어려운 평생 고질이라고 선고받았던 결핵이 완치된 것입니다.
　한편, 어머니는 장기간 진동수를 복용한 뒤, 안원장으로부터 직접 제령(除靈)을 받은 뒤로는 팔과 다리가 시린 것이 완전히 완쾌되었습니다.
　물론, 얼굴의 와사증도 거의 완쾌가 된 터였습니다. 그러나 몸이 좋아지시니까 어머니는 진동수를 안마시게 되었고, 3년쯤 지나자, 다시 전날의 병 증세가 나타나기 시작했습니다.
　그래서 제가 다시 권유를 해서 진동수를 마시기 시작하자, 다시 서서히 몸이 좋아지기 시작한 것입니다.
　우리는 공해 속에 살고 있기 때문에 한번 병이 완쾌되었다고 해서 '옴 진동수'를 마시는 것을 중단해서는 안된다는 좋은 보기가 아닌가 생각됩니다.
　저는 얼마 전에 결혼을 해서 최근에 아들을 얻었는데 이 아이는 태중(胎中)에서부터 모체(母體)를 통해 진동수를 마신 탓인지, 여늬 아이들과는 아주 다른 뛰어난 지능과 건강을 갖고 있는 것 같습니다.
　(주 : 결핵과 당뇨병이 '옴 진동수' 복용과 진동치료의 병행으로 완쾌된다는 것은 널리 알려진 사실이다. 다만, 결핵에는 약을 병용하는 것이 더 좋은 것 같다. 진동수를 마시면 약에 의한 부작용인 위장장해가 없는 것이 특징이다.)

〈증언 • 18〉

관절염이 완쾌되다

부산직할시 동래구 장전동 4~6~30
김 성 택

저는 부산에 사는 김성택이라는 사람입니다.
안동민 선생님께서 초능력적인 방법으로 '옴 진동수'를 개발해서 모든 병을 고치신다는 이야기를 책자를 통해 알았습니다. 그래서 즉시 우편으로 연락을 해서 준회원이 되어 테이프를 우송해 받았습니다.
6개월 동안 '옴 진동수'를 마신 결과 손가락 마디 마디가 아팠던 완고한 만성 관절염이 완쾌 되었습니다.
1976년 2월 말에 안선생님을 직접 방문하여 지도를 받았고, 그 뒤 78년 8월 말에 다시 한번 상경해서, 직접 지도를 받았습니다.
최근에 와서 저의 건강 상태는 아주 좋아졌고 집안 식구들도 모두 진동수 가족이 되어 감기 한번 앓지 않고 잘 지내고 있습니다.
이제는 '옴 진동수'가 완전히 몸에 적응되어, 진동수는 맛이 좋으나, 보통 생수(生水)는 마시기가 어려울 지경이 됐습니다.
앞으로도 저는 평생토록 '옴 진동수'를 마실 계획입니다.

〈증언 • 19〉

인생의 참뜻을 깨닫다

경기도 부천시 원미동 176~9
조 용 출

저는 올해로 쉰 두살이 되는 남성입니다.

제가 '옴 진동수'를 마시기 시작한 것은 1978년 10월 5일부터였습니다. 어째서 '옴 진동수'를 마시게 되었는지 그 사연부터 이야기해 보려고 합니다.

저는 젊었을 때부터 인생의 참뜻이 무엇인지를 알기 위해 찾아 헤매었습니다만, 그 대답을 얻을 수 없었습니다.

가난하고 괴로운 생활전선(生活戰線) 속에 뛰어들어서 사력(死力)을 다하는 동안에 어느덧 나이를 먹었고, 정신을 차려보니 여섯명의 가족을 부양해야 하는 가장으로서 중년이 넘어 있었던 것입니다.

그러나 어느 정도 생활이 안정됨과 동시에 저의 잠재의식 속에 잠자고 있던 인생의 참다운 뜻을 알고 싶다는 욕구가 또다시 강력하게 나오게 되었던 것입니다.

그러한 저에게 있어서 안선생님이 저술한 심령과학(心靈科學) 시리즈 책은 마치 구세주와 같았습니다. 그때까지 의문이었던 거의 모든 문제에 대한 정확한 대답을 얻을 수 있었기 때문입니다.

저는 안선생님의 책을 읽고 체질개선에 대해서 알게 되었고, 또한 '옴 진동수'의 존재도 알게 되었던 것입니다.

곧, 안선생님이 경영하는 연구원의 준회원이 되었습니다.
 저는 그때 간장(肝臟)과 위장 계통이 굉장히 나빴던 것입니다만, '옴 진동수'를 마시기 시작함과 동시에 심한 설사가 나왔고, 또한 방구가 굉장히 많이 나왔던 것이었습니다.
 책을 읽고 미리 알고 있었기 때문에 그다지 놀라지는 않았습니다. 2~3일 후부터 갑자기 소화가 잘되게 되었고, 밥을 맛있게 먹을 수 있게 되었습니다. 간장의 기능이 좋아진 것을 쉽게 알 수가 있었습니다.
 얼굴빛도 좋아졌고, 그전처럼 피곤해지는 일도 없어졌습니다. 한편 제 아내도 '옴 진동수'를 마시기 시작한 지 한달쯤 지난 뒤부터, 그렇게도 완고했던 위장 장해가 완전히 없어지고 무릎의 신경통도 거짓말처럼 완치된 것이었습니다.
 그뒤, 가족 전원이 건강해진 것은 말할것도 없는 일입니다만, 그보다도 특기하고 싶은 것은 저의 인생에 대한, 그때까지는 걸핏하면 부정적이 되곤 했던 온갖 생각이 자취도 없이 사라져 버린 점입니다.
 저는 참다운 뜻에서 거듭 태어났다고 생각하고 있습니다.
 저는 주변의 사람들, 백 수십명의 사람들에게 권유해서 '옴 진동수' 복용 가족이 되게 하였습니다만, 그들 가운데에서 많은 기적이 일어났음은 이루 헤아리기 어려울 정도입니다.
 1978년부터 6년 동안, '옴 진동수'를 마심으로써 깨닫게 된 것은, 이 '옴 진동수'는 단순히 체질개선만을 시키는게 아니며, 육체(肉體)・유체(幽體)・영체(靈體)・상념체(想念體)까지도 발전, 성장시킨다는 것을 믿게 된 것입니다.
 우주의식(宇宙意識)에 눈 뜬 사람들이 많아진다는 것은 얼마나 멋진 일입니까?

〈증언 • 20〉

시간속을 이동(移動)하다

서울시 동대문구 면목동 1~64
장 성 규

저의 경우는, 다른 보통의 준회원과는 전혀 틀리는 경우라고 생각합니다.

안선생님을 찾은 것은 6~7년 전 일이었습니다만, 어찌된 셈인지, 안선생님은 저에게 대해서는 영사(靈査)도 아무것도 해주시지를 않았습니다.

"자네는 '옴 진동수'만 마시고 있으면 되는 걸세! 아무것도 알 필요가 없네."

하고 몹시 차거운 태도였습니다.

그래서 저는 한때, 안선생님에게 크게 실망해서 멀어져 갔던 것입니다만, 다시금 친한 친구 덕분에 안선생님 댁에 드나들게 되었던 것이었습니다.

저는 최근에 대학을 졸업하고 군에 입대하게 된 것입니다만, 그전에도 포경을 수술하려고 생각하고 있었습니다. 그러나 저는 특이체질이어서 마취하는 것이 위험하다는 이야기를 들었기 때문에 어떻게 할까 망서리게 되어, 안선생님에게 의논을 해 보았던 것입니다.

"지금 상태로는 어차피 자네는 수술을 할게 아닌가. 그렇다면 1년쯤 미래의 시간 속으로 이동시켜 주면 좋아질게 아니겠나!"

하고 안선생님은 말씀하시면서, 저의 두 눈을 가볍게 누르고 굉장한 '옴 진동음'을 내주셨던 것입니다.

6~7년 만에 저의 몸에 직접 손을 대주신 것은 처음이었습니다. 그때, 작열하는 별들의 세계를 본 것 같이 느꼈습니다.

그런데 그 다음날 아침, 일어나서 무엇인가 이상한 느낌이 들어서 확인을 해 보았더니, 놀랍게도 포경이 정상인 모양이 되어 있었던 것입니다. 수술도 받지 않았는데, 하룻밤 사이에 저의 남성기(男性器)는 성장해서 자연스럽게 가죽이 벗겨져 있었던 것입니다.

저는 아연해질 수밖에 없었습니다.

안선생님은 정말 무엇이든 기적을 행할 수 있는 분이구나 하고 새삼스럽게 고개가 수그러졌던 것입니다.

이 뒤로 안선생님은 전과는 전혀 달리 저에게도 아주 친절해지셨고 기회 있을 때마다 여러 가지 귀중한 이야기를 해주시게 되었습니다.

지금, 생각하면 6~7년 동안 차가운 냉대를 견디어낸 것이 정말 잘 했다고 생각합니다.

저는 지금, 안선생님의 제자(弟子)의 한 사람으로서 열심이 살아가고 있습니다.

〈증언 • 21〉

나는 기적을 체험했다

부산직할시 남구 용호2동
김 일 수

저는 부산에 살고 있는 김일수(金日洙)입니다. 안선생님의 책을 읽은 다음, 깊은 감동을 받아 '옴 진동수' 복용가족이 될 것을 결심했던 것입니다.

안선생이 지으신 《영혼의 세계》 그리고 《악령을 쫓는 비법》이라는 책을 읽고 나름대로 깊은 감명을 받았던 터였습니다.

《악령을 쫓는 비법》 속에 쓰여진 영각자(靈覺者)가 되는 길과 '제3의 눈'을 어떻게 발달시키는가 하는 방법에 대해서 완전히 반해버렸던 것이죠.

그뒤, 《심령치료》와 《심령진단》을 몇번인가 되풀이 해서 읽고 안선생님을 뵙고 싶다고 생각하게 되었습니다. 그러나 어떻게 된 셈인지, 안선생님을 뵈오러 부산을 떠나려고 하면 그때마다 어떤 일이 생기곤 해서 서울로 상경을 하지 못한채 몇년이 지났던 것이었습니다.

그러던 중, 1983년 5월에 어쩔 수 없는 큰 불운을 만나게 되었습니다. 저의 부친이 쓰러지셔서 언어장해를 일으켰고, 전신마비의 식물인간이 되어버린 것입니다.

마리놀 병원에서 특별검진을 받았던 바, 약 두달 전에 길 위 빙판에서 쓰러지셨을 때, 뇌혈관에 미세파열(微細破裂)

을 일으켰고, 그뒤 뇌 안의 출혈이 계속되어, 현재 혈액의 응고상태가 뇌를 압박하고 있기 때문에 전신마비가 일어났다는 것, 그래서 촌각을 다투어 뇌수술을 하지 않는 한, 목숨을 건지는 것은 불가능하다는 이야기였습니다.

입원하고 검진을 받은 그 날인, 1983년 4월 20일 ― 여섯 시간에 걸친 대수술을 받았고, 처음의 경과는 매우 좋았던 것인데, 며칠 뒤, 특수 재촬영을 한 결과 재수술을 할 필요가 있다는 판단이 내려졌던 것입니다. 그러나 79세의 노인이기도 하고 재수술을 받을 생각도 없을 뿐더러, 무리라는 가족들의 반대 때문에 재수술은 중지했던 것이었습니다.

그러자, 과연 입원한 지 20일째 되는 1983년 5월 7일에 강제 퇴원을 당하고 말았던 것이었습니다.

의사 선생님들의 말씀은 한결같이 수술은 우선 성공했지만, 어쨌든 노화현상(老化現象)이 매우 심하니까, 비록 몸은 회복된다고 해도 정신은 반드시 노망이 날 것이라는 이야기였습니다.

아버지를 퇴원시킨 그날, 저는 평상시에 늘 생각하고 있었던 안선생님과의 만남을 위해, 그리고 '옴 진동수' 복용 가족이 되기 위해 서울행 기차를 탔던 것이었습니다.

다음날인 1983년 5월 8일, 성광자기체질개선연구원(聖光磁氣體質改善硏究院)을 찾을 수는 있었습니다만, 불행하게도 안선생님은 일본에 출장중이었기에 만나 뵐 수가 없었고, 사모님의 친절한 배려에 의해 준회원이 될 수가 있었습니다.

집에 돌아오자 즉시 '옴 진동수'를 만들어서 아버지에게 마시게 하고, 또한 스피커를 이용한 '옴 진동' 치료를 시작했던 것입니다.

그때 환자는 완전히 의식불명, 기동불가능(起動不可能)한

상태였습니다. 환자를 검진한 보건소의 의사 선생님은, 소생될 가능성은 1퍼센트도 없으니까 단념하는게 좋겠다고 말씀하셨습니다만, '옴 진동수'의 효과에 대하여 자신만만했던 저는 의사 선생님의 충고를 완전히 무시하고, 온 가족이 밤 낮을 교대해가면서 환자에게 스피커 치료를 했던 것이었습니다. 그 진동치료 결과는 정말 놀랄만한 것이었습니다.

의식불명으로 식물 인간이었던 환자가 1주일째 된 날에는 혼자 힘으로 일어나 앉았고, 2주일 째가 지난 뒤로는 사람의 부축을 받아서 가까운 거리를 거닐 수 있게 되었으며 또한 6주일 째에는 혼자서 이웃을 산책하며 거닐게 되었고, 식사와 '옴 진동수'도 그 누구의 도움없이 혼자 힘으로 들 수 있게 된 것이었습니다.

이 무렵부터 변소 출입도 혼자서 할 수 있게 되어, 목격자들은 그저 놀라워할 따름이었습니다. 7주일이 지날 무렵에는 마을 안을 자유스럽게 다닐 수 있게 되었습니다만, 언어장해는 여전해서 벙어리와 거의 같은 상태였습니다. 그러나 이것도 8주일이 지난 뒤로는 날마다 좋아져서 차차 말을 잘할 수 있게 되었습니다.

몇달이 지난 뒤에는, 완전히 건강을 회복해, 병을 앓게 되기 전보다 훨씬 젊어져서 자유롭게 여행을 할 수 있게 된 것이었습니다. 노망이 나기는 커녕, 굉장히 머리가 좋아진 것 같았습니다. 정말 기적이 일어났다고 말할 수밖에 달리 표현할 방법이 없습니다.

저는 앞으로 남은 전 인생을 '옴 진동수'의 보급과 그 선전에 바칠 결심입니다만, 저의 체험에 의하면, 첫째로 '옴 진동수'의 효용에 대한 신뢰도가 높으면 높을수록 효과가 비례해서 크다는 것, 두번째로 '옴 진동수' 복용 중, 또는 스피커에 의한 치료를 하는 가운데 굉장한 고통이 따르는 경우가 많은데, 중병일수록 그 정도도 심하다는 것, 그리고 그때가 최악의 절정이라는 것을 믿고 중단하는 일이 없으면 반드시 완치될 수 있다는 것, 그리고 이같은 신념을 버려서는 안된다는 것입니다.

중도에서 그만두면 실패하는 것은 당연하다는 것을 되풀이 해서 강조하는 바입니다. 저의 소개로 많은 중병환자들이 완치된 예는 이루 헤아리기 어려울 정도인 것입니다. 비록 악성(惡性)인 암 환자의 경우라고 하더라도 아직 목숨이 살아 있는 동안은 결코 단념하지 말고, 생명의 물인 '옴 진동수' 복용과 스피커에 의한 진동 치료를 할 것을 권유하는 바입니다.

〈증언 • 22〉

여기 기적의 생명수(生命水)가 있다

千葉縣野田市橫內122~2
尾形俊樹

'옴 진동수'를 마시기 시작해서 100일이 지났기에 경과를 보고합니다.

처음에는 1.8리터가 어렵게 생각되어, 일주일쯤은 1.2리터를 마시고 있었습니다. 처음 '옴 진동수'를 마시기 시작하면서부터는 졸리운 것과 방구가 너무 많이 나와서 아주 혼이 났습니다만, 그뒤 8일째부터는 1.8리터씩 꼬박꼬박 마셨습니다. 도중에 잠이 쏟아져 오는 현상과 온 몸이 가려워지는 현상을 몇번이나 경험했습니다. 60일이 지났을 때, 과식을 한 듯 뱃속이 좋지 않았으므로 마시는 분량을 1.2리터로 줄였습니다. 저는 그전부터 언제나 감기에 걸리기 쉬운 체질이었습니다만, '옴 진동수'를 마시게 된 뒤로는 코가 막히는 일이 없어졌고, 언제나 기분이 상쾌하며 대변도 매일 두번씩 보고 아주 건강이 좋아졌습니다.

도쿄에 살고 있는 누님도 언제나 추워지면 노이로제가 되어 죽는 것만 생각하고 있었는데, '옴 진동수'를 마시기 시작한지 한달만에 아주 원기완성해져서, 본인은 모든 것이 마음먹기에 달린 것이라고 말하고 있습니다. 그토록 고민했던 어두운 인상도 밝아지고 정신상태도 정상이 된 것 같습니다. 계속해서 마시게 할 생각입니다.

어머니에게도 마시게 하였던바, 처음에는 온 몸이 가려워졌고 방구가 많이 나오고 잘 주무실 수 있게 된듯 합니다. 그러나 도중에서 몸이 가벼워졌고 백내장(白內障)기운이 있던 눈도 훨씬 잘 보이게 되었다고 말하고 있습니다.

저는 현재 지압의 치료를 하고 있습니다.

자율신경실조증(自律神經失調症)이 있는 환자에게 '옴 진동수'를 마시게 한 뒤에 시술을 했더니 결과는 굉장히 좋아져서, 매달 몇번씩 병원에 가던 것은 완전히 발을 끊게 되었다고 합니다.

반대로 의사선생님 쪽에서는 걱정을 해서 왜 오지 않느냐고 전화가 걸려 왔다고 합니다.

지금까지 계속했던 굉장히 많은 분량의 약 복용을 그만둔 뒤로 여러가지 증상(두통・불면증・신경통・불안 초조한 증세)이 모두 좋아져서 본인도 대단히 기뻐하고 있습니다. 얼마나 헛된 그리고 쓸데 없는 노력을 했는가 하고 반성하고 있습니다. 병원에 가면 점점 더 많은 병이 생기는게 아닌가 생각될 정도입니다.

안선생님이 쓰신 《심령계(心靈界)로의 여행(旅行)》가운데 병원 바이러스에 대한 이야기가 나옵니다. 공교롭게도 지금 미국에는 AIDS라고 하는 치료가 불가능한 질병이 유행되고 있습니다. 앞으로도 이와 같은 문명병 같은 난치병이 점점 늘어날 것 같은데, 그럴수록 '옴 진동수'가 온 세계에 빨리 널리 알려져서 한 사람이라도 더 많은 사람이 구제될 것을 간절히 원하고 있습니다.

저는 그전부터 선(禪)이라든가, 요가 명상에 흥미가 있었습니다. 그래서 군다리니 요가에서 말하는 일곱 군데 챠쿠라에 '옴'진동을 시술해 보았으면 하고 생각했습니다만, 안선생님이 연구 개발하신 태양광선을 이용하여, 챠쿠라를 눈 뜨게 할 수 있다는 방법은 정말 멋지다고 생각합니다. 난행(難行)·고행(苦行)을 한다는 것은 전혀 필요가 없고, 오히려 시간이 오래 걸리는 방법인 것 같습니다. 요가라든가 그밖의 좌선(坐禪)이나 명상에서는 자칫 잘못하면 악령(惡靈)에게 빙의 당하기 쉬우며 정말로 위험한 일이라고 생각합니다.

'옴 진동수'를 마시면서 하는 요가 운동이나 명상은 정말 마음을 놓을 수가 있고, 마음도 그지없이 편안해져서 우주의식과 하나가 된 느낌이며 뒤가 깨끗해서 아주 즐겁습니다. 정말로 이 세상은 즐거운 일 뿐입니다.

에드가 케이시의 예언이라든가, 노스트라다무스의 대예언을 생각하면 소름이 끼칩니다만, 구 소련의 공산체제가 붕괴되기 전, 즉 10여년 전에 일본을 방문한 유리·게라는, 전세계의 초능력자들이 일제히 핵폭탄의 폐기를 마음 속으로 원하고, 세계의 평화를 10억명의 사람들이 라이오나 TV를 통하여 기도한다면, 비록 그들 한사람의 힘은 보잘것없이 작은 것일지라도 많은 사람들의 그 합해진 힘은 방대한 에너지로 변하여, 온 세계에 존재하는 핵 미사일과 핵폭탄 등을 소멸시킬 수 있는 힘이 될 수 있다고 했습니다.

그러나 유감스럽게도 99퍼센트의 과학자들은 이런 분야에 관한 문제를 믿고 있지 않다는 이야기였습니다.

저는 온 세계의 사람들이 한 사람이라도 더 많이 '옴 진동수'의 존재를 알게 되고, 한 사람이라도 더 많이 '옴 진동수'를 마실 수가 있게 된다면 지구의 평화는 굉장히 빨리 이루어지리라고 생각합니다.

그리고 핵 보유국의 지도자들이 모두 하나도 빠짐없이 '옴 진동수'를 마신다면 나쁜 상념이 깨끗이 없어져서, 다른 나라를 공격하지 않게 되리라고 생각합니다. 무의미한 불안감과 다른 나라보다 더 많은 무기를 갖지 않으면 마음이 놓이지 않는다는 이상한 정신상태도 바로 잡을 수 있으리라고 생각합니다.

　자기 나라 이외는 믿을 수 없다는데서, 군비확정의 에스커레이터가 생기게 되고 욕망의 무한한 악순환은 그칠 길이 없게 된다고 생각합니다.

　우리 인류의 미래는 한사람 한사람의 생각과 살아가는 방법에 달려 있다고 저는 믿습니다.

　안동민 선생님의 건강과 앞으로의 활약을 기대하면서 저의 증언을 끝냅니다.

〈증언•23〉

현미의 발아(發芽)를 성장실험하다

東京都涉谷區字宇田川町빠르코•빠아트 2
〈오까무라 齒科醫院〉
岡 村 興 一

안녕하십니까?
 한국에서 만나 뵈었을 때는 대단히 귀중한 이야기와 '옴' 진동 시술을 해 주셔서 매우 고마웠습니다. 짧은 기간이어서 강행군의 스케줄이었습니다만, 덕분에 전혀 피로를 느끼는 일이 없이 아주 즐겁고 뜻 깊은 여행이 되었습니다.
 이번에는 경희대학의 한방과에 대한 견학과 한방의(漢方醫)와의 간담회에 출석한 셈입니다만, 안동민 선생님과 만남으로써 앞으로의 시대에 있어서의 동양의 중요성, 유의의성(有意義性)을 뼈아프게 깨달았습니다.
 안선생님은 물의 분자구조를 '사랑'과 '지혜'와 '힘'의 세가지로 표현하셨습니다만, 그곳에 안선생님의 미크로(超微細)에서 마크로(大宇宙)를 포괄한 폭넓은 인간성의 훌륭함이 상징되어 있는 것처럼 느껴졌던 것이었습니다.
 저는 치과의(齒科醫)로서 매일 환자들의 입의 치료에 종사하고 있습니다만, 구강(口腔)이라는 국소가 그 부분의 문제만에 그치는 것이 아니라 전신,전체와 불가분의 관계를 지니고 있으므로, 서로 유기적으로 연결되어 있다는 사실을 경험적으로 알게 되어, 건강에 관한 인자는 국소와 전신을 나누는 일이 없이, 바깥의 환경까지 포함해서 같은 입장에서 생각해야 마땅하다고 느끼게 된 터입니다.

 그럴 무렵, 올해 초에, 우연히 어느 서점에서 안동민 선생님이 쓰신 《심령치료》라는 책을 발견하여 읽게 되었는데, 물과 '옴'진동음이 인간의 건강에 깊이 관련되어 있다는 데 커다란 충격을 받았고, 안동민 선생님이 쓰신 여섯권의 시리즈를 한숨에 읽어 버렸던 것입니다. 곧, 준회원이 되어서 직접 '옴'진동과 접촉하게 된 것이었습니다.

 과학은 어떤 테두리를 통해 자연을 관찰하고 이해하는 것이기에, 영원히 자연 그 자체를 전체로서 파악할 수는 없는 게 아닌가 합니다. 그러한 의미에서 보면 '옴' 진동은 현존하는 과학을 넘어선 곳에 있으며, 제한된 이론으로 이해하고저 하는 것이 옳지 않은지도 모르겠습니다.

 그러나 저의 두뇌에는 자연을 전적으로 파악하기에 충분한 회로가 없는 것 같으므로, 물이 '옴' 진동을 받음으로써 변화하는 것을 증명하는, 무엇인가 제자신이 납득할 수 있는 간단하고 손쉬운 방법이 없을까를 생각하게 되었던 것입니다.

 저는 집에서 건강을 위해 때때로 현미식(玄米食)을 실행하고 있었기에 그 현미를 '옴 진동수' 속에 담구어서 발아성장(發芽成長)을 관찰해 보면 어떨까 생각하여, 다음과 같이 실험을 해 보았던 것입니다.

〈玄米 發芽成長 觀察 實驗〉

(1) 실험방법
 두개의 용기에다가 현미 약 300알을 넣고 한쪽에는 보통 수도물, 또 하나의 그릇에는 '옴' 진동을 쪼인 물을 40cc를 넣은 다음 같은 방, 같은 장소에 놓고 온도・습도・채광을 똑같은 조건으로 해서 계속해서 관찰했다.

또한 물의 보급은 보통 물은 보통대로, '옴 진동수'는 관찰하는 장소와는 떨어진 곳에서 '옴' 진동 시킨 물을 만들어 추가 첨부했다.

(2) 실험기간(實驗期間)
제1회 1989년 6월 3일～17일
제2회 1989년 7월 3일～10일
제3회 1989년 7월 12일～26일

(3) 3회의 실험경과
물의 질만이 틀리는 조건이며, 다른 것은 모두가 같은 조건이다. 그 속에서 세번에 걸친 실험을 통하여 한결같이 '옴 진동수'에 담근 현미의 성장 촉진효과를 인정할 수 있었다.
참고 삼아 7월 12일～26일까지의 실험 내용을 밝힌다.
'옴 진동수'　　　　　　　　　　　　　　　　　　　　보통물
7월 3일 : 현미 약 300알 ……………………위와 같음
물 약 40cc
7월 14일 : 발아가 뚜렷함.
7월 17일 : 키와 밀도에 분명한
차이가 나타남 ……………………………그다지 차가 없다
7월 18일 : '옴 진동수' 5cc 첨가 ………보통물 5cc 첨가함.
물의 첨가 ………………기화량(氣化量)에는 차이가 없다.
7월 19일 : 양쪽에 곰팡이가 발생, 보통물 편이 특히 많다.
　　　　　키와 밀도의 차가 더욱 커지다.
7월 20일 : '옴 진동수' 10cc 첨가 ………보통물 10cc 첨가

7월 26일 : 곰팡이 분량이 많아져 성장이 중지되었기에 중
　　　　　지. 곰팡이 양은 보통물이 더 많고 싹도 일부 썩
　　　　　었음.

(4) 결과·고찰
○ 발아 시기는 거의 같으나, 일주일 가량 뒤에 그 키와 밀
　도에 뚜렷한 차이가 생겼다.
○ 키와 밀도를 비교하면 밀도 편에 특히 우위차(優位差)
　가 있었다. 보통 물은 '옴 진동수' 쪽의 60~70퍼센트의
　밀도였다.
○ '옴 진동수'로 재배한 편이 잘 부패하지 않았다.
○ '옴 진동수' 속에서 자란 싹이 푸르고 활력이 있었다.
　이상과 같은 결과로, '옴 진동'시킨 수도물에는 식물의 성
장촉진에 영향을 주는 어떤 변화가 있었음을 증명하는 것이
며, 의학적 응용의 가능성도 시사하고 있다.
　※ 그밖의 것
　○ 피이카에 100cc의 물을 넣고 '옴 진동수'와 보통물을 비
교했는데, 부엌에서는 '옴 진동수'편이 맑았고 보통물 쪽은
일주일 가량 지나니까 흰 찌꺼기가 생겼다. 그러나 진료실에
서 똑같은 실험을 했던바 '옴 진동수' 편이 반대로 침전물이
생겼다.(주 : 이것은 진료실의 유독가스를 '옴 진동수'가 빨리 흡
수한 탓이라고 생각된다.)
　후자는 그대로 방치했고, 현재 물이 전부 증발하고 그릇밑
에 침전물(沈澱物)이 붙어 있으므로 뒤에 분석을 의뢰할 생
각임.
　○ 병원의 부원장 모친이 재생불량성빈혈(再生不良性貧
血)로서 죽는 것은 시간 문제라는 이야기를 듣고, '옴 진동'

테이프를 빌려 드렸습니다.
 그뒤, 보고에 의하면, 마시기 시작한 지 2주일이 지난 뒤에 검사를 했더니, 혈소판(血小板)의 수효가 상당히 많아졌다고 하며 담당의사도 상당히 놀랐다는 이야기이고, 병의 증상도 좋아졌다고 합니다. 그러나 최근 '옴 진동수'에 강한 알칼리감을 느껴서 목을 넘어가기가 어렵기 때문에 마시지 않고 있다는 이야기입니다. 이것은 어떻게 된 까닭인지 모르겠습니다만, 겉보기에는 똑같은 물이면서 이만큼 환자에게 영향을 준다는 사실은 정말 대단한 것이라고 생각합니다.

 이상 저의 간단한 보고입니다만, 내용면에서 부족하거나 또는 필요없는 곳이 있거든 부디 수정해 줄것을 부탁드립니다.
 마지막이 되었습니다만, 보고가 늦어진 것을 사과드림과 동시에, 선생님의 이번 호의에 대하여 감사드리는 바입니다. 앞으로도 잘 지도해 주실 것을 부탁드립니다.

〈증언 • 24〉

턱이 바로 잡히다

栃木縣宇都宮市戶祭1~12~32戶祭マンション21號室
鈴木惠子

(전략)
안선생님, 안녕하십니까?
회원번호 81~4364인 鈴木惠子입니다. 준회원이 된 지 1년이 되었습니다. 매우 늦어졌습니다만, '옴 진동수' 복용에 의한 체질개선된 보고를 올립니다.
작년 8월 11일에 테이프가 보내져 왔습니다. '옴' 진동음이란 어떤 소리인가 생각하여 테이프를 헤드폰으로 두번 되풀이해 들었더니, 그 다음날은 하루종일 졸려서 눈만 감으면 곧 잠들어 버리곤 하였습니다. '옴 진동수'를 본격적으로 마시기 시작한 것은 이틀 뒤인 8월 13일부터였습니다. 그뒤, 2주일 동안은 아침에 일어나는게 힘 들었고, 하루종일 졸리었으며 자주 변소 출입을 하곤 하였습니다.
15일이 지났을 때, 온 몸에서 두드러기가 생겼고 6일동안 계속되어 아주 혼났습니다. 지금까지 두드러기가 난 일은 한 번도 없었으니까요.
'옴 진동수'를 마시기 시작한 지 일주일 뒤에 스피커를 사용하여 치료했습니다.
허리 부분을 치료했을 때, 세르로이드를 태우는 것과 같은 고약한 냄새가 풍겨서 이상하게 생각했습니다. 다음날, 몸살 감기에 걸린 것처럼 38℃ 정도의 열이 나서 이틀 동안 계속되었습니다.

'옴 진동수'를 마시기 시작한 지 두달이 지났을 무렵, 왼쪽 턱의 밑둥부분(왼쪽 관자놀이 밑부분)이 아프기 시작했습니다. 나흘이 지나도 입을 움직일 때마다 턱이 빠질 것 같아서 병원에 가볼까 생각했습니다. 그러나 며칠이 지나자 턱의 이상하던 감각도 자연스럽게 없어졌습니다. 그리고 거울에 비추어 보니까 제 얼굴의 윤곽이 바뀐 것을 알 수가 있었습니다. 저는 어렸을 때부터 턱뼈의 밑둥부분이 조금 빗나가 있었기 때문에 얼굴 윤곽은 좌우가 균형이 잡히지 않았었고, 치열(齒列)에도 나쁜 영향을 주었던 터였습니다. 그런데 그것이 저절로 턱뼈가 바로잡힌 것이었습니다. 이 현상에는 정말 크게 놀라지 않을 수 없었습니다.

20년 동안이나 턱뼈가 비뚜러져 있었던 것이 아무런 쇽크도 주지 않았는데 갑자기 정상위치(正常位置)로 돌아갔다는 것은 보통으로 생각할 수 없는 일이 아닌가 합니다. 오랫만에 만난 친구들은 그전의 얼굴과 지금의 얼굴을 비교하여 이상하게 생각했다는 것이었습니다.

치열도 바로잡기가 쉬워졌기 때문에 올해 1월부터 교정을 받기 시작하여 순조롭게 치료가 되고 있습니다.

이것도 안선생님이 발견하신 '옴 진동수' 덕분이라고 생각하고 감사하고 있습니다.

'옴 진동수'를 마시기 시작한 지 9개월째, 올해 5월부터 마음속에 떠오른 생각은 잘 적중하게 되었습니다.

100퍼센트 적중하는 것은 아니고 곰곰히 생각해서 아마 이렇게 되리라고 생각한 것은 전혀 빗나가고 무의식이라고 할까, 직감적으로 스치고 지나간 생각은 잘 적중하는 것 같습니다.
 그 뒤로는 아주 커다란 이렇다 할 커다란 변화는 없습니다만 마음이 차분해진 것과 주위 사람들로부터 그전에 비해 표정이 밝아졌다는 이야기를 자주 듣곤 합니다.
 하루에 마시는 분량은 1.8리터라고 했습니다만, 저에게는 너무 많다고 생각되어 대체로 반 정도 밖에 마시고 있지 않습니다.
 저의 집의 수도물은 철분(鐵分)이 너무 많은 것 같아서 마시는 물과 요리에 쓰이는 물들은 모두 미네랄 워터(鑛泉水)에다가 '옴' 진동음을 쪼여서 쓰고 있습니다.
 체질개선을 하고 있다는 자각(自覺)이 생긴 탓인지 매일 제 자신의 몸의 변화에 대해 신경쓰게 되었습니다.
 앞으로도 어떤 변화가 일어날지 모르긴 합니다만, 이것으로서 지난 1년 동안에 일어난 변화에 대한 보고를 끝내고저 합니다.
 마지막으로 세계연방의 확립과 세계평화를 원하며 안선생님의 앞으로 활동이 잘 이루어지도록 기도드립니다.

1990년 9월 2일

(주 : 아주 귀중한 증언이라고 생각한다. 뇌의 자율신경이 활동하여 턱뼈의 이상을 바로 잡은 것이라고 생각된다. 뇌의 기능에도 어떤 좋은 자극을 주어 몸의 잘못된 상태를 바로잡는 작용을 한다는 것은, 뇌성마비도 치유될 수 있다는 좋은 보기가 아닌가 한다.)

〈증언 • 25〉

영능력과 초능력이 개발되다

경북 상주군 상주읍 신봉동 203
金 炅 甫

얼마전, 우연한 기회에 안선생님이 쓰신 《심령치료》라는 책을 읽고 큰 감동을 받았습니다.
제가 평소부터 생각했던 의문들이 모두 풀렸고, 안선생님의 인생관과 우주관에 전적으로 공명을 하게 되어 회원이 되었습니다.
'옴 진동수'를 마시기 시작한 지 한달 뒤부터 제 몸에는 여러가지 변화가 일어났는데, 3개월이 지나자 제자신도 다른 사람들의 난치병을 고칠 수 있으리라는 자신감이 생기게 되었습니다.
그래서 우선 집안 식구부터 손을 대어 보았더니 모두 좋은 효과가 있었습니다. 그뒤, 저의 결혼식에 주례를 서주시기 위하여 안선생님이 이곳에 오셨을 때, 여러가지로 지도를 받았고, 안선생님의 뒤를 잇는 훌륭한 초능력자가 될 수 있다는 격려의 말씀을 듣고 더욱 자신을 갖게 되었습니다.
이때, 안선생님으로부터 영사(靈査)의 원리와 그 방법 및 제령하는 방식 등에 대하여 비전(秘傳)을 전수 받았습니다.
그뒤 5년 동안, 저는 이것이 하늘이 저에게 주신 사명이라고 생각하고 많은 난치병들을 치유시켰습니다.
그중에는 간경화(肝硬化)에다가 당뇨와 고혈압을 겸한 환자도 있었습니다만, 우선 '옴 진동수'를 마시게 한 뒤 제가 직접 시술을 한 지 3일만에 거의 완쾌하다시피 된 분도 있습니다.

최근에는 뇌성마비로 전혀 기동을 하지 못하던 아이가 '옴 진동수'를 어느 기간 마시게 한 뒤, 제가 일주일만에 걷게 한 예도 있습니다.

저는 안선생님을 살아 있는 신인(神人)이라고 존경하며, 매일매일 쉬지 않고 노력하여 앞서 가시는 안선생님의 뒤를 열심히 따라 갈 결심입니다.

안선생님의 말씀은 본래 제가 그런 운명을 타고난 탓이라고 하십니다만, '옴 진동수'를 알게 되지 않았더라면 오늘의 저는 존재치 못했으리라는 것이 변함없는 저의 신념임을 밝혀 둡니다.

비록 난치병인 암에 걸리신 분이라도 신념을 갖고 '옴 진동수'를 마시고 '옴 진동' 시술을 하신다면 좋아질 수 있다는 것이 저의 생각입니다.

문제는 목숨이 붙어 있는 한, 단념하지 말고 끝까지 병과 싸워서 이기려는 굳은 의지를 갖느냐 못갖느냐에 달려 있다고 생각합니다.

〈증언 • 26〉

약을 받지 않는 체질이 되다

廣島縣吳市西物付町 25~1
白崎謙二

　1991년 1월 28일, 저는 좌고환종양(左睾丸腫瘍)으로 입원하여, 이틀 뒤 왼쪽 불알을 적출했습니다만, 주치의(主治醫)의 이야기로는 꺼낸 것만으로는 안심할 수가 없으므로 신약(新藥)을 써서 치료를 하고, 그 뒤 여섯시간 정도 걸려서 재수술을 받으면 마음을 놓을 수 있다면서 다시 수술 받을 것을 권유받았습니다.
　그럴 때, 준회원이 되신 분으로부터 《심령계(心靈界)로의 여행》이라는 책을 빌려서 읽게 되었습니다.
　여기서 저는 이 '옴 진동수'에 모든 운명을 걸고, 의사의 반대를 무릅쓰고 20일 뒤에 퇴원하여 다음 날 '옴 진동수'를 마셨던바, 설사가 하루종일 계속(횟수로 15회) 했고 토한 것이 다섯번이었습니다. 그러자 가슴이 답답하던 증상이 없어져서 마음이 편해졌습니다. 그 뒤 설사는 저절로 멎었고, 사흘 뒤에는 화장실에 갔고 정상으로 돌아왔습니다.
　곧, 저도 회원에 등록하여 3월 7일에는 준회원이 되었습니다. 그때부터 아내도 아이들에게도 마시게 하고 있습니다. 아내는 그전부터 변비가 아주 심해 계속해 약을 먹어야만 했었는데, '옴 진동수'를 마시기 시작한 지 일주일 뒤부터는 약을 들지 않아도 매일 대변을 보게 되었습니다.

'옴 진동수' 덕분이라 기뻐하고 있습니다.

또다시 제 이야기가 됩니다만, '옴 진동수'를 마시기 시작한 지 한달 뒤에 고환종양에 관한 혈액검사를 받았던바, 한군데 마음에 걸리던 곳이 좋아졌다는 의사의 말을 들었고 약을 잊지 말고 들도록 하라고 했습니다만, 저는 퇴원한 뒤에도 약은 하나도 들고 있지 않으므로 좋아진 것은 이 역시 '옴 진동수' 덕분이라고 생각하고 있습니다. 그리고 머리털이 희게 되어 1년전부터 염색을 했었는데, 암의 원인이 된다는 이야기를 들은 뒤로는 염색하는 것을 그만두었습니다.

그런데 '옴 진동수'를 마시기 시작한 지 50일째부터 검은 머리털이 나오기 시작해서 100일이 된 지금은 상당히 검게 되었습니다. 또 한가지, 저의 왼쪽 손목이 문제인데 4년쯤 전에 삔 일이 있는 손목의 통증이 재발해서 밤중이면 잠을 잘 수 없을 정도로 아프기 때문에, 정형외과에서 치료를 받고 통증을 멎게 하는 약을 받아서, 좌약을 썼더니 3분 뒤에 가슴이 뜨거워지고 구역질이 나면서 눈이 보이지 않게 되고, 의식불명으로 병원에 운반되어 하루종일 주사를 맞고 간신히 목숨을 건진 일이 있었습니다. 약을 처방해준 의사의 이야기에 의하면, 지금까지 이런 약을 투약해서 이런 경험을 해보기는 처음이라고 했습니다. 저는 많은 약을 먹은 경험이 있고 좌약을 쓴 경험도 있어서, 약에 대해서만은 자신을 갖고 있었던 것이 사실이었습니다.

그렇다면 '옴 진동수' 복용때문에 체질이 개선되어 약을 거부하는 체질로 변한게 아닌가 생각이 됩니다. 그뒤부터 손목 치료는 먹는 약과 스피커에 의한 치료를 하고 있습니다.

회사에서 지금까지의 저의 체험을 이야기해도 '옴 진동수'를 믿어주지 않습니다. 머리털이 빨리 새카맣게 되어서 '옴 진동수'의 위력을 모두에게 보여주고 싶습니다.
　이상으로 저의 100일 동안에 대한 보고를 끝냅니다.
　안동민 선생님 정말 감사했습니다. 앞으로도 더욱 잘 지도해 주시기 바랍니다.

〈증언 • 27〉

이웃 사람들에게도 환영받다

徳島市秋田町 2~43
下窪 幸子

 '옴 진동수'에 대해서 이웃에 사는 야마모도 가즈오(山本和未)씨를 통하여 지난 4월에 처음으로 '옴 진동수'를 받아 마시게 되었습니다. 그뒤 준회원이 되는 7월 7일까지 야마모도씨의 신세를 졌습니다. 친구와 이웃들에게도 나누어 주었습니다만, 그분들에게서 처음 나타난 현상은 대변을 보는게 수월해진 것이었습니다.
 또한 '옴 진동수'로 세수를 해서 여드름이 없어지기도 했습니다. 저의 아들은, 여러 해 동안 아레르기성 피부염을 앓고 있었는데, 몸의 관절이나 목, 가슴 등등이 여름이 되면 가려워지고, 모두 붉게 부르트고 피부가 거칠어지는 데다가 가려워서 마구 긁기 때문에 피가 스며나와 그야말로 끔찍스러운 몰골을 하고 있었습니다. 밤에 '옴 진동수'로 만든 물로 목욕을 시킨 다음, 나온 뒤에 타올을 대고 '옴' 진동 치료를 했더니 다음날 아침에는 진물이 나오던 것이 전부 깨끗해져 있었고, 4~5일 계속하자, 검게 변한 피부가 딱지가 되어 떨어지고 몰라보도록 깨끗한 몸이 되었습니다.
 여기에는 아들의 친구이며 조카인 대학 3학년 학생도 깜짝 놀란 모양이었습니다. 지금까지는 '옴 진동수'를 마시라고 권유해도 싱긋 웃기만 하고 마시지 않더니, 하루에 컵 하나는 마시게 되었습니다.
 이웃에 사는 예순 여섯살 되는 분으로 4월에 자궁근종(子宮筋腫)의 수술을 받게 되어 조사를 해본 즉, 난소(卵巢)에 악성종양(惡性腫瘍)이 생겨 있어 4월 24일의 수술후에는, 3주일 아니면 앞으로 길어도 한달 밖에 더 살지 못하리라고 의사로부터 판정을 받아서 가족들은 모두 비탄에 빠져 있었습니다. 수술을 받은 뒤에 물을 마시게 해서는 안된다는 의사의 지시가 있었지만, 괴로워하면서 연명해야만 하는 한달간의 목숨이라면, '옴 진동수'를 마시게 해서 괴로워하지 않고 편하게 죽게 하는 편이 좋지 않겠느냐고 권유했더니 가족들도 찬성을 해주셨습니다. 처음에는 물을 끓여서 식힌 뒤에 진동수를 만들어 병원에서는 몰래 물을 마시게 했습니다.
 8월에는 퇴원해도 좋을 정도로 종양의 자취도 없어졌지만, 오랜 입원생활로 걷지도 못하게 되어 그대로 입원하고 있었습니다. 하지만 그것이 천명(天命)이었는지 10월 8일, 드디어 세상을 하직하고 말았습니다.
 하지만 6개월 동안 입원하고 있는 사이에 한번도 고통을 느끼지 않았고, 죽은 얼굴은 살아 있었을 때 보다도 깨끗할 정도였습니다.
 또한 8월에는 천식으로 말미암아 밤중이면 휴——휴하고 피리를 부는 것 같은 숨소리를 내고 괴로워하던 환자가 '옴 진동수'를 마신 그날 밤부터 휴——휴하는 소리가 없어져, 고맙다고 두손 모아서 감사를 드리는 것을 보았습니다.
 또한 노망이 났던 노인이 똑똑해진 예도 있고, 무릎이 아파서 걷기 힘들었던 사람이 '옴 진동수'를 마신 뒤, 무릎 위에다 '옴 진동수'로 찜질을 했더니 일주일만에 완쾌되었다고 기뻐한 분도 있습니다.

오랫동안 구내염(口內炎)으로 괴로워하던 분이 '옴 진동수'를 마시게 된 뒤로는 한번도 구내염을 앓지 않게 되었다고 기뻐하는 분도 있습니다.

저도 매일, 여름철에는 '옴 진동수'를 20리터에서 30리터씩 만들어서 친구와 이웃들에게 나누어 주고 있습니다.

이와같이 여러분에게 기쁨을 가져다 주는 '옴 진동수'를 개발해 내신 안동민 선생님을 꼭 한번 만나고 싶어서 10월 21일, 오오사까의 에꼬 호텔을 찾았습니다. 문 너머로 들어오는 안동민 선생님의 맑고 아름다운 목소리가 귓전을 울리어 여간 깊은 인상을 받았던게 아닙니다.

가까이에서 모시는 분으로 부터, 안선생님의 아세아통일평화운동의 이야기를 듣고 저도 크게 찬성을 했습니다. 저도 미력하나마 지난 4년 동안 하루에 한두번씩, 세계평화와 만령만물상애(萬靈萬物相愛)의 기도를 드리고 있습니다.

고맙습니다. 끝으로 안동민 선생님의 건강과 발전을 기도 드립니다.

〈증언 • 28〉

무한한 위력에 감격하다

福岡縣大牟田市旭町 3~2~10 센트랄 미용실
中山正雄

저는 준회원 81~7458번입니다.
1983년 9월 1일에 입회를 했습니다.
大正 2년 8월 28일생으로 70세입니다. 저의 가족은 1983년 9월 17일부터 '옴 진동수'를 마시기 시작했습니다. 하루에 약 1리터 정도 마셨으며, 6개월 동안 마신 후인 오늘 보고를 드립니다.
우선 제자신에 대한 이야기부터 해보고저 합니다. 머리털은 뒷부분을 빼놓고는 거의 백발입니다만, 3개월간 옴진동수를 마신 무렵부터 검은 머리털이 조금씩 나오기 시작하는 것을 알 수가 있었습니다.
4년 전에 망막(網膜)의 혈관에서 양쪽의 안구(眼球)안으로 출혈한 일이 있었습니다. 비타민 E의 복용으로 출혈은 멎었는데, 혈흔(血痕)은 사라지지 않아 대단히 불쾌했습니다만, 현재는 5분의 4 정도 좋아져서 엷은 흔적이 남아 있을 따름입니다.
저는 젊은 시절부터 담배를 많이 피우는 편이고 현재에도 하루에 40~50개피를 피우곤 합니다. 그 가운데서도 열개는 쇼오트 피이스의 독한 담배입니다.
6~7년 전부터 평소 기침이 많아졌고 특히 아침에는 기침

이 심하게 나오고 가래도 많이 나와 난처했습니다만, 현재는 아침에도 기침이 거의 나오지 않습니다.

　2차 대전때의 이야기입니다만, 남방에서 악성(惡性)의 마라리아에 걸려 황달이 나와, 사이공의 해군병원에 입원해 치료를 받은 일이 있었습니다.

　술을 거의 마시지 못하게 되었습니다.

　매독을 치료하는 606호의 2호 같은 것을 하나 찾아내어서 주사를 맞았더니, 술을 한홉 정도는 마실 수 있게 되었습니다. 한되 가량 마시던 것이 한홉 밖에 마실 수 없게 되어 크게 실망했던 것을 기억하고 있습니다.

　목 밑의 가슴 주위 10센티 사방이 붉어져 있었습니다만, 현재 그 붉은 색은 거의 없어졌습니다.

　7년쯤 전, 대장염(大腸炎)이라고 생각되는 출혈이 시작되어, 제 자신이 조제한 약을 먹고 우선은 멎었습니다. 한달에 한번 또는 두달에 한번 출혈이 있었는데, 현재는 한번도 출혈이 없습니다.

　2차 대전 때, 사이공에서 아주 심한 무좀에 걸린 일도 있었습니다. 제가 만든 약으로 5~6할 정도는 좋아졌는데, '옴 진동수'를 마시는 것만으로 거의 좋아졌습니다. 장마철이 되면 언제나 심해집니다만 올해는 어떨까요? 될 수 있다면 '옴 진동수'에 발을 담그는 족욕법(足浴法)을 해볼까 합니다.

　1월과 2월에 걸쳐서 가족들은 아무도 앓지 않는데, 저만이 감기에 걸렸습니다. 이상하게도 기침은 아주 적었고, 감기에 걸리면 담배를 피울 수 없었는데, 보통으로 피울 수 있었습니다.

　병상(病狀)이 가벼워서 다행이었습니다.

　다음에는 제 아내에 대한 이야기를 말씀드리고저 합니다.

현재 쉰 두살입니다. 미용실을 경영하고 있습니다. 10년 전부터 관절염을 앓고 있습니다. 고오겐병이 아닌가 합니다. 아침에 변소를 기어서 갈 정도여서 손목과 무릎 등의 관절이 몹시 아파 고통을 받고 있었습니다. 제가 조제한 약으로, 낮에는 일을 할 수 있을 정도로 좋아졌습니다만 현재는 완전히 좋아져서, 일주일에 한번은 에어로빅 댄스를 하러 갑니다. 미용사(美容師)의 일은 중노동인 날이 많습니다만, '옴 진동수'를 마시고 있으면 피로감이 적기 때문에 식사를 조절해서 5킬로 정도 체중이 가벼워졌습니다.

손님들로부터 날씬해졌다는 말을 듣고 좋아하고 있습니다.

또 하나 대단한 일이 있습니다.

10년쯤 전부터 레오노씨병에 걸렸습니다. 때로는 붉어지는 경우도 있어서 뷰가리씨병도 있고, 진짜 바아쟈씨병이었습니다. 겨울에는 한 걸음도 집 밖에 나갈 수 없을 정도여서 정말 난처했습니다.

저는 독일의 고에바씨의 의약에 대하여 20년 이상 공부를 하고 있습니다. 독일에 바카쿠라는 레이노병에 효능이 있는 약이 있다는 것을 알고 구입했으나 아내의 레이노병에는 효과가 없었습니다.

'옴 진동수'를 복용한 지 4개월째 접어들 무렵부터 좋아지기 시작하여, 현재도 아주 추울 때의 외출은 조심하고 있지만 발가락이 하얗게 변색하지는 않습니다. 1월과 2월의 가장 추울 때, 제가 감기에 걸렸으므로 아침과 저녁의 개(犬) 산책시키는 일은 아내가 해 주었습니다.

20분 동안 피가 통하지 않으면 발가락은 썩는다고 합니다. 저는 몹시 걱정이 되어서 뜨거운 물을 준비하고 기다리고 있었습니다만, 수십분 동안이나 아주 추운 바깥을 걸어다녔는 데도 아무런 일도 일어나지 않았습니다. 정말로 기뻤어요. '옴 진동수'에 감사하고 있습니다.

저는 여러가지 약을 만들 수가 있고, 특히 머리털에 관한 약은 여러가지로 독특한 조제도 했습니다.

조금은 약에 대해서 알고 있다고 생각합니다만, '옴 진동수'가 지닌 끝없는 위력에는 오직 머리가 수그러질 따름입니다.

다음은 저의 가게에서 일하고 있는 제자에 대한 이야기를 하고저 합니다. 스물두살된 처녀입니다. 이 아가씨는 저의 가게에 와서 일한 지 만 7년째가 됩니다. 이제부터 말씀드리는 병은 저에게 오기 전부터 앓던 병입니다. 비염(鼻炎)이 좋아졌습니다. 지금은 거의 완쾌된 상태입니다. 월경이 있을 때는 월경통(月經痛)이 심해서 창백한 얼굴빛이 되어 매우 괴로워했고, 아무래도 하루는 쉬어야 했습니다. '옴 진동수'를 복용한 지 넉달째 들어설 무렵부터 고통이 없어져서 월경 때도 지장없이 직장에 나오고 있습니다. 또한 저혈압이어서 40~70정도의 혈압으로, 아침에 일어나는게 굉장히 괴로웠다는 것입니다. 자리 속에 들어가 있어도 몸이 더워지지 않았고 추울 때는 뜨거운 물을 넣은 유담뽀를 넣지 않고서는 잠들수가 없었다고 합니다. '옴 진동수'를 마시기 시작한지 넉달째 될 무렵, 혈압을 재어보았더니 70~110이 되어 있었다고 합니다. 현재는 좀 더 높아졌는지도 모르겠습니다. 물론 잘 때 유담뽀를 넣을 필요도 없어졌고, 아침에는 얼른 눈이 떠진다고 합니다.

신장(腎臟)이 좋지 않아 소변검사를 하면 단백질이 나오곤 했다고 합니다. 역시 '옴 진동수'를 복용한 후 넉달째 될 무렵 조사를 해 보았더니 소변에서 단백질은 검출되지 않았다고 합니다.
  이상이 제가 알아낸 '옴 진동수'의 위력입니다. 현대 의학이 훨씬 미치지 못하는 대단한 힘입니다.
  열심히 마셔서 100일 정도에서 좋아지는 병은 분명히 그 효과를 믿을 수가 있습니다.

〈증언 • 29〉

거듭 태어난 것을 경험한 형님

東京都新宿區上落合 2~21 美鈴莊
小澤 隆

1993년 10월 10일부터 마시기 시작해서 3개월이 지났으므로 보고를 올립니다.

처음에 아주 이상한 일이 있었습니다.

처음에 '옴' 진동음을 듣기만 했는데도 설사가 나왔습니다. 또한 '옴 진동수'를 처음으로 마셨을 때, 입 안에서 야릇한 향 냄새가 풍겼습니다.

형님에게도 마시게 했던바, 아무런 이야기도 하지 않았는데 향 냄새가 난다고 신기해 하였습니다. 정말 이상한 일이 아닐 수 없었습니다.

저는 직업상 매일 '옴 진동수'를 마실 수가 없습니다만, 그래도 뚜렷한 효과가 있었습니다. 우선 소변을 아주 잘 보게 되었습니다. 석달 이상 지난 지금도 너무 소변을 자주 보아서 난처할 때가 있습니다.

또한 식욕이 왕성해져서, 배가 고파지면 신경질이 날 정도로 시장기를 느끼게 되었습니다. 그리고 정말 잠을 잘 자게 되었습니다. 불면증 기운이 있었는데, 한번 잠이 들면 10시간에서 12시간 가량 푹 자곤 합니다.

이상이 지금까지 나타난 몸의 커다란 변화입니다만, 그밖에 병이라고는 할 수 없으나 많든 작든 변화가 있었습니다.

우선 눈 가장자리가 가려워지기도 했고, 등뼈가 아프기도 했으며, 귀에서 소리가 나고 하품이 자주 나오기도 했습니다.
　이런 현상은 병이라고 할만한 것도 아니었습니다만, 2,3일이 지나자 곧 좋아졌습니다. 하지만 정신 못차리게 몸의 상태가 잘 변하므로 정말 난처했습니다.
　제가 생각하건데, 안동민 선생님이 말씀하신 것처럼, 이제부터 완전한 건강체가 되기 위하여 몸 안의 병을 전부 바깥으로 내어쫓는 그런 상태에 놓여 있는게 아닌가 합니다.
　그리고 최근에는 몸의 상태가 또다시 나빠져서, 몸이 굉장히 차거워지곤 합니다만, 이것은 최근에 신진대사가 나빠진 때문이라고 생각됩니다. 이상이 저의 몸의 변화입니다만 특기할 만한 것은 형님의 몸의 변화입니다.
　제가 '옴 진동수'를 마셔야겠다고 생각하게 된 동기는 형님 때문이었습니다. 저의 형님은 7년쯤 전 부터 밤과 낮이 뒤바뀐 것과 같은 생활을 하는 자율신경실조증(自律神經失調症)이라는 병에 걸려서 일도 제대로 할 수 없는 상태에 놓여 있었습니다.
　그래서 '옴 진동수'를 마시게 하면 틀림없이 몸의 상태도 좋아지고, 일도 잘 할 수 있게 되리라고 생각했던 것이었습니다.
　형님과는 같은 집에 살고 있지 않기 때문에 자세한 것은 모르겠습니다만, '옴 진동수'를 마시기 시작한 뒤, 역시 저와 같이 소변을 잘 보게 되었다는 것이었습니다. 그리고 머리 속에 지금까지 끼어 있던 아지랑이가 사라져서 아주 상쾌해졌다고 합니다. 최근에는 그토록 심하던 불면증이 없어져서 밤에도 잘 자게 되었다고 하며, 아주 최근에 형님의 몸에 무엇인가 아주 커다란 변화가 일어난 모양이었습니다.

  형님의 말씀으로는, 자기는 다시 태어난 기분이라고 했습니다. 다시 태어난다는 말이 어떤 상태를 뜻하는 것인지, 저로서는 판단하기 어렵습니다만, 어쨌든 전날의 형님과는 달리 갑자기 일을 할 수 있게 된 것입니다. 즉 낮에 아무렇지 않게 일어나 깨어 있을 수가 있게 되었다는 이야기죠. 이 말에 저는 감동했습니다.

  지금까지 7년 동안, 영문 모를 병에 걸려서 일도 할 수 없게 된 형님이 마음에 걸렸던 것이었는데, 최근에 몸의 상태가 좋아져서, 일도 할 수 있게 되었다니, 겨우 어깨의 무거운 짐을 내려놓은 기분입니다. 바로 최근의 일이기 때문에, 형님의 몸 상태가 어떻게 변화했는지 자세한 내용은 모릅니다만, 정말 기쁜 일이 아닐 수 없습니다.

  안동민 선생님, 정말 고맙습니다.

  형님대신 말씀드립니다.

〈증언 • 30〉

음식을 많이 먹지 않게 된 아이들

東京都北區赤羽 3-1-1
齊藤幸子

'옴 진동수'를 100일 동안 마셨으므로 보고를 올립니다.

처음에는 하루에 1.8리터나 되는 '옴 진동수'를 정말 마실 수 있을까 걱정이었는데, 아무렇지 않게 마실 수 있는데 놀라지 않을 수 없었습니다. 어딘지 모르게 목에 넘어가는 느낌이 부드러운 물입니다. 처음 사흘 동안, 하루에 세번이나 대변을 보았습니다. 그 뒤에는 하루에 한번 내지는 두번이 되었습니다.

나흘째 되는 날부터는 신경통이 생겨 등과 어깨 머리 까지 무거워졌습니다만, 사흘 정도로 완쾌 되었습니다.

다음에는 감기를 앓게 되었는데, 사흘동안 약을 먹었더니 좋아져서 빨리 좋아진데 놀랐습니다.

또한 '옴 진동수'를 아무리 마셔도 체중이 늘어나지 않는데는 감탄했습니다. 3개월이 지난 무렵부터 자주 화를 내던 성격도 없어지고 아주 즐겁게 느껴지는 매일 매일이 되었습니다.

아이들 둘이 아주 뚱뚱했지만, 식사의 제한을 할 수가 없었고 간식도 많이 드는 아이들이었는데, '옴 진동수'를 마시기 시작한 지 두달쯤 지나면서부터 식사 제한을 조금 할 수 있게 되었고, 간식도 적게 들게 되어 체중이 500그람 줄었습니다.

 석달째 될 무렵, 유행성 감기에 걸려 5일 동안 식사를 하지 않는 날이 계속되었습니다. 그때도 '옴 진동수'와 약만은 들게 하였던바, 식사를 하지 않은 편으로는 원기왕성하게 학교를 다녔습니다.

 체중이 2킬로 정도 줄었고, 주위 사람들도 알 수 있을 정도로 아주 날씬해졌다고 칭찬을 듣게 되었습니다. 유행성 감기에서 회복된 뒤, 다시 식사를 들게 되었는데, 그전처럼 많이 먹지를 않게 되었습니다.

 아직도 조금 뚱뚱한 편이지만, 이대로 가면 1년쯤 지나면 다른 사람들처럼 날씬해질 것으로 생각됩니다.

 정말 고마웠습니다.

〈증언 • 31〉

마음의 상처가 고쳐지다

靜岡縣淸水市興津本町 54-4
福地勝春

　제가 '옴 진동수' 가족의 한사람이 된 것은, 제 동생이 갑상성기능항진증(甲狀腺機能亢進症)과 당뇨병이 병발되고, 신장은 170센티지만 몸 무게는 38킬로인데도 설사가 심하여, 이 이상의 상태가 계속되면 죽게 되는게 아닌가 생각했기 때문이었습니다.
　또한 제 친구인 한 여성이 교통사고때문에 전신 류마티즘에 걸려 고통을 받고 있었기에, 이 사람에게도 '옴 진동수'를 마시게 하면 좋아질 수 있는게 아닐까 하여 준회원이 되었던 것입니다.
　현재는 저와 어머니, 동생, 친구(여성) 네명이 마시고 있습니다.
　저의 경우, 처음 마시기 시작했을 때는, 안선생님의 책에 쓰여진대로 굉장히 졸렸습니다. 석달 마신 현재 체중이 6킬로 줄었습니다. 위장이 조금 나쁘고 심장이 조금 약할 정도일뿐 저는 특별한 병이 없습니다.
　'옴 진동수'를 마신 뒤에 일어난 가장 큰 변화는 정신적인 변화였습니다. 저는 신경과민증이라고 할까요. 사람들 앞에서 흥분을 잘해서 쩔쩔매기가 일수였고 소심하다고 할까 그런 성격이었는데 '옴 진동수'를 마시게 된 뒤로는 인간적으로

대담해졌다고 할까, 뱃장이 좋아졌다고 할까, 하여튼 적극적인 사람이 된 것입니다. 이러한 현상은 저의 어머니에게도 나타났습니다. 그러니까 '옴 진동수'란 몸의 독소만을 배출시켜 주는게 아니고 정신적인 독소까지도 배출 시켜주어서, 저의 경우에는 정신적으로도 향상이 된 것입니다.

제 동생의 경우는 마시기 시작한 뒤, 우선 설사는 멎었는데 본인 자신이 술을 마시기도 하고, 담배도 피우고 몸에 해로운 행동을 하고 있기 때문에 호전, 악화가 반복되다가 지금은 병원에 입원중입니다.

병원에서는 한동안 물을 마시지 말라는 이야기여서, 검사가 끝날 때까지 물 마시는 것은 중지하고 있습니다만, 지금까지 석달동안 '옴 진동수'를 마신 덕분에 입원중인데도 체력이 약해지지 않아 의사도 놀랄 지경입니다.

당(糖)의 검사도 갑상성 기능검사도 좋은 결과가 나와 아주 고맙게 여기고 있습니다. 검사가 완전히 끝나게 되면, 다시 '옴 진동수'를 마시게 할 생각입니다.

어머니는 조금 여위었습니다만, 그보다도 정신적으로 크게 변화하였습니다. 본래부터 적극적인 성품이긴 했지만 인간적인 분별을 잘 할 수 있게 되어, 건강식품을 판매하고 있습니다만, 영업 성적이 아주 좋아져서 매우 기뻐하고 있습니다.

친구(여성)의 경우는, 처음 마시기 시작한 2~3일 동안은 반대로 더 통증이 심했다고 합니다. 초단파치료(超短波治療)도 병용하고 있어서 반대로 더 아파졌겠지만, 그 뒤로는 발의 욱신거리는 통증과 목의 통증이 사라졌다고 합니다. 현재 '옴 진동수'를 복용한 지 석달이 지났는데, 손의 통증만이 아직 남아 있다고 합니다. 친구의 전신 류마티즘은 80퍼센트 정도가 치료되었다는 이야기였습니다.
 그녀의 친구로 같은 병원에 다니고 있는 여성은 치료가 끝나면 다시 통증이 나타나곤 하는데, 역시 '옴 진동수'를 마시고 있는 저의 친구인 경우는 통증이 재발하지는 않는다고 했습니다. 다만 손의 통증만 남아 있기 때문에 다른 여러가지 치료와 병용해서 '옴 진동수'를 마시고 있다는 것입니다.
 덕분에 아주 좋은 결과가 나오고 있습니다.
 오늘, 병원에 동생을 문병하러 갔었습니다. 검사를 받은 결과 갑상성기능항진증에 대해서는 '메르카졸'이라는 약을 먹고 있지 않은 상태에서 이미 완쾌된 것이 이상하다고 의사가 말하더라는 이야기였습니다. 나머지는 당뇨병인데, 그것도 상당히 좋아진 상태라고 합니다. 일단 검사가 끝났기 때문에 이제부터 '옴 진동수'를 다시 마시게 할 생각입니다.
 앞서도 말씀드린 정신적인 향상에 대해서입니다만, 저의 경우는 어렸을 때 어머니가 말을 듣게 하기 위하여, 귀신이 나온다든가, 유령이 나온다든가 하고 겁을 주고, 어두운 방에 가둔 일이 있어서, 무서운 것에 대한 공포심이 남달리 강하고, 그것이 현실사회에 나와서 소심(小心)이라는 형태로 나타나게 된게 아닌가 합니다.
 '세살 때 버릇이 여든까지'라는 말도 있습니다만, 그러한 후천적으로 생긴 마음의 상처가 '옴 진동수'를 마시는 것만으로 자연히 치유된 것에 제자신 놀라고 있는 것입니다. 그러니까 최근에는 사람이 달라진 것 같다는 이야기를 친구들에게 자주 듣곤 합니다.
 또한 인격이 바뀐 것이 아닌가 생각될 정도로 보다 적극적이 되어서 말하자면 사내다운 사내로 변신한 것입니다.

〈증언 • 32〉

머리털이 많아지고 젊어진 어머니

香川縣三豐郡豊浜町 231
眞 鍋 明

　세월은 빨라서 지난 10월 15일로 '옴 진동수'를 마시기 시작한 지 3개월이 되었습니다.
　제자신은 이렇다고 보고할 만한 결과는 나와 있지 않습니다만, 처음 열흘 동안은 배가 팽팽해지고 기분이 초조했습니다.
　그전부터 발이 저렸었기에 '옴 진동'시술을 했더니 발이 저리던 현상이 없어졌습니다. 배의 상태도 조금 이상했으므로 사흘동안 진동시술을 했더니 많이 부드러워져서 정상이 되었습니다.
　전반적으로 전처럼 사물에 구해되지 않게 되어, 친구들로부터 '사람이 많이 달라졌다,' '깨달은 것 같은 얼굴이 되었다,' '내가 말한 것을 순수하게 받아들이는 것 같다'라는 말을 듣게 되었습니다. 이것도 '옴 진동수' 복용 덕분이라고 감사하고 있습니다.
　저의 가족들에 대하여 보고하자면, 마시기 시작한 지 7~8일쯤 지나서였다고 생각됩니다. 아버지는 이런 일에 전혀 흥미를 보이시지 않을 뿐만 아니라, 반발까지 하셨습니다. 그러나 배가 매우 크게 불러 있었고, 그전부터 변비기운이 있었던 편인데 그 무렵에는 더욱 심해져서 혈변(血便)까지 나올 정도여서 큰 일이로구나 생각해 억지로 '옴 진동수'를 마시게 하였습니다. 처음에는 뭐니뭐니 반대를 하고 여간해서 마시려고 하지를 않았지만 한달째 될 때는 하루에 약 300cc 정도, 두달째로 접어들면서는 약 600cc정도, 현재는 약 900cc정도 마시게 되었습니다. 보기 흉하게 튀어나왔었던 배도 다소 줄어들고, 전체적으로 날씬해진 것 같습니다. 혈변(血便)은 최근에 와서는 아무런 이야기도 하지 않는 것을 보면 좋아진 것 같이 생각됩니다. 또한 '옴 진동수'를 마시기 전에는 굉장한 대식가(大食家)였습니다만, 요즘은 식사의 분량, 술 드시는 분량도 줄어들어서 좋은 결과가 나왔다고 생각하고 있습니다.

아버지의 체중은 재어보지 않았지만 겉으로 본 판단으로는 많이 가벼워진게 아닌가 생각됩니다. 어머니는 처음부터 900cc정도 마셨는데, 체중이 2킬로 정도 줄었고 앞으로 3킬로 줄면 이상적이라고 말씀하고 계십니다. 그전부터 머리털이 적고 흰 머리털도 많았었는데, '옴 진동수'를 마시기 시작한 지 두달쯤 지나면서 부터 머리털이 많이 나기 시작했고, 흰 머리털도 많이 줄어 들었습니다. 지금은 머리털이 많이 나서 '옴 진동수'를 알게 된 것을 감사하고 있습니다.

친구로부터, 지인(知人)가운데 난처한 입장에 놓여 있는 분이 있다는 이야기를 듣고, 만나서 이야기를 들어 보았더니, 스무살 쯤 된 여성으로서, 머리의 오른 쪽 반이 빠개지는 것 같이 아프고 오른쪽 눈과 귀도 감각이 이상하다고 했습니다. 여러 군데 병원에 다녀보았지만, 전혀 좋은 결과를 얻을 수 없었고, 또한 어렸을 때부터 꿈을 많이 꾸고 거의 매일밤 가위에 눌리기 때문에 전등불을 켜고 음악을 틀어놓지 않고는 잠들 수가 없다는 이야기였습니다.

안선생님이 쓰신 책 속에 비슷한 내용의 증언이 있었던 것이 생각 나서, 조금 불안하긴 했습니다만 '옴 진동' 시술을 그녀에게 해보았습니다. 그때는 기분이 좋아져서 조금 잠들어 버렸다고 했고 2~3일이 지난 뒤에 결과를 물어보았더니 30퍼센트 정도 아픈 것이 없어졌으나 다시 원상태로 돌아갔다는 이야기였습니다.

'옴 진동'시술을 해준 뒤 이틀 뒤였다고 생각합니다만, 제자신 밤에 잠이 막 들자, 가위에 눌려서 목을 누군가가 죄는 것 같아 마음 속으로 큰일났다고 생각하고 밀교(密敎)의 진언(眞言)을 외였더니 목에 조여들던 힘이 쑥 빠지고 조금씩 의식이 돌아왔습니다.

잠이 깬 뒤에 이상한 영혼이 빙의되지 않았는가 생각하여 다음날부터 이틀 동안, 제자신에게 '옴'진동 시술을 했던 바, 그뒤 전혀 아무런 일도 없이, 먼저 상태로 돌아갔습니다.

이상이 저의 지금까지의 '옴'진동 시술 및 '옴 진동수'복용에 대한 증언입니다.

다시금 이와 같이 훌륭한 '옴 진동수'를 알게 되어 감사하는 마음으로 가득합니다.

정말 안동민 선생님 감사합니다.

더욱 더 크게 발전하실 것을 기도드립니다.

〈증언 • 33〉

'옴 진동수'를 마시고……

岡山縣和氣郡吉永町吉永中 805
武 元 信 整

　'옴 진동수'를 마시기 시작한 지 1년 8개월이 넘었습니다. 2년에서 3년 동안 열심히 계속 마시게 되면, 뇌(腦)의 구피질(舊皮質)이 발달되어서 우주의식에 동조하게 된다고 안선생님은 책 속에서 쓰고 계십니다.
　그렇게 될 수 있도록, 매일 '옴 진동수'를 1.8리터씩 계속해서 마셨습니다. 신령계(神靈界)에 대해 흥미를 갖고 있었으므로 조금이라도 신령계에 대한 일들이 제자신의 감각으로 알 수 있게 되었으면 하는 것이 '옴 진동수'를 마시기 시작했을 때, 저의 소망의 하나였습니다.
　인연이 있어서, 1990년 8월 10일부터 마시기 시작했습니다.
　'옴 진동수'를 마시기 15일 전까지, 저는 심한 당뇨병 때문에 오까야마(岡山)시에 있는 일본 적십자병원에 25일 동안 입원하고 있었습니다. 퇴원한 뒤에는 매일 인슐린을 4단위씩 주사 맞고 있었습니다. 몸이 하루에 한번은 몹시 피곤해지곤 하였었기에, 하루에 한 두 시간씩 낮잠을 자곤 했었습니다. 일은 아내와 둘이서 의류품의 소매점을 경영하고 있어 비교적 자유스러운 시간이 있는 셈이지만, 매일 일정한 시간 낮잠을 자지 않고서는 밤까지 몸이 지탱할 수가 없어서 정말 난처했던 것이었습니다.
 결과로서는, '옴 진동수'를 마시기 시작한 바로 그날부터 낮잠을 자지 않아도 별로 피곤해지는 일이 없었고, 몸무게도 퇴원했을 때의 54킬로와 같았고, 인슐린 주사맞는 것도 그만두고 일상생활에 전혀 불편을 느끼는 일이 없이, 오늘에 이르고 있습니다.
 몸의 변화는 한때 대변이 평상시의 2배 또는 3배가 나왔었고 방구도 하루에 수십번씩 나왔으며 점차로 몸이 튼튼해진 것입니다. '옴 진동수'를 마시고 있는 다른 분들이 증언하고 있는 이야기와 대체로 똑같습니다.
 '옴 진동수'를 마시기 시작한 지 100일 쯤 되었을 때, 영적(靈的)인 현상으로 이상한 경험을 했습니다.
 저는 1년 전에는 아직도 어떤 불교계통의 신흥종교 단체에서 수행하고 있었는데, 본부에 가면 불사리(佛舍利)를 본존불(本尊佛)로서 모시고 있었습니다.
 그 넓은 방에 들어간 즉, 그때까지는 전혀 느끼지 못했던 일인데, 등이 오싹오싹해지며 영적(靈的)인 진동을 느끼게 된 것이었습니다. 현재는 그 교단(敎團)과는 인연을 끊었습니다만, 그곳에 갈 때마다 똑같은 느낌을 등에 느끼곤 했던 것입니다.
 그뒤, 안선생님께 개인상담을 받으려고 불사리(佛舍利)를 갖고 오신 여승님이 계셨는데, 그 불사리로 부터도 아주 똑같은 영적인 진동을 느꼈습니다. 특징으로서는 조금 차가운 느낌이었습니다. 안선생님으로 부터 느껴지는 것은 영적(靈的)인 진동이라기 보다는 따뜻하고, 압도적인 영적인 힘이라고 표현하는 것이 정확한 느낌이었습니다.
 '옴 진동수'를 매일 마시면서 대륙서방(大陸書房)에서 출판된 안선생님이 쓰신 책 여섯권을 전부 읽고, 한국에서 출판된 일본어로 써진 안선생님의 책들도 전부 읽은 뒤, 한번 꼭 안선생님을 뵙고 싶다고 염원하게 되었습니다. 그 뒤 1년이 지나고, 1991년 8월 15일에 안선생님이 오오사까에 오신다는 이야기를 듣고 천왕사(天王寺)의 에꼬오 호텔에서 면담시간을 가질 수가 있었습니다.

이때, 제가 복합령(複合靈)이라는 것을 알게 되었고, 제자신도 기억하지 못하는 저의 전생(前生)에 대해서 자세한 이야기를 해주셨습니다. 저를 보시자 마자, 10초도 지나기 전에 길고 긴 저의 전생(前生)에 있었던 여러가지 일들을 이야기해 주신데는 놀라기도 했고 또한 크게 감동을 했던 것도 사실이었습니다.

에도시대(江戶時代)에 우연히 처마밑에서 비를 피한 인연으로 의류도매상을 하던 거상(巨商)의 사위가 되었고, 그 때문에 낭인(浪人)으로서의 무사(武士)의 신분을 버렸다는 이야기는 아주 낭만적이었습니다.

"혹시 지금도 옷과 관계되는 직업을 갖고 있는게 아닌가요?"

물으셨을 때는, 다시 한번 놀라지 않을 수 없었습니다. 안선생님은 정말 무엇이고 아시는 분이구나 느꼈지만, 더욱 믿음직스러웠을 뿐 두렵다든가 그런 느낌은 들지 않았습니다.

① 당뇨병이 완쾌(完快)되지 않았다는 것, ② 신령계(神靈界)에 대한 여러가지 사실들을 알고 싶다는 것, ③ 저희들 부부 사이가 아무래도 원만하지 못한 원인 등에 대하여 상담을 했습니다.

①에 대해서는 저의 유체(幽體)가 굉장히 발달해 있다는 것, 따라서 빙의되기가 쉽다는 것, ②에 대해서는 '옴 진동수'

를 계속해서 마시고 있노라면 구피질(舊皮質)이 발달하게 되니까 장기간 초조해 하지 말고 꾸준히 마시면 자연히 알게 됩니다. ③에 대해서는 저의 아내의 잠재의식 속에 저에 대한 강한 반발심이 있기 때문이라고 하셨습니다.

그리고는 약식(略式)인 제령(除靈)을 해주셨습니다.

이윽고 안선생님은 '옴'회의 오오사까의 책임자인 다쓰미 미쓰마사씨(辰巳三政氏)와 함께 외출하셨습니다. 때마침 측근인 다끼자와 노부오(澤伸夫)씨가 방에 남아 계셨으므로, 여러가지 의문으로 느끼고 있는 것들, 신령계(神靈界)에 대한 이야기며, 수행방법 등에 대해서 3시간 가량 이야기를 들었습니다. 앞으로 이런 문제에 대하여 어떻게 했으면 좋을까 모색하고 있었기 때문에 크게 참고가 되었습니다.

호텔의 베이지색 벽을 배경으로 이야기하고 있는 다끼자와씨를 보고 있으면 머리에서 얼굴에 걸쳐서 폭 5센티 정도의 황금색 후광(後光)이 비치고 있었습니다. 아! 이분은 보통 사람은 아니로구나 하고 느꼈습니다.

이윽고 안선생님이 돌아오셨고, 택시로 공항에 가시는 것을 전송했습니다만 어쨌든 처음으로 안선생님을 뵙고 감격한 순간이었습니다.

두번째로 안선생님과 만날 수 있었던 것은 그해 9월말이었습니다. 장소는 먼저번과 같은 오오사카 천왕사의 에꼬오 호텔. 그때도 안선생님의 강연회(講演會)는 호텔의 지하에서 열렸습니다. 아직 무더운 때인데 회장은 너무 냉방이 잘되어 추울 정도였습니다. 이윽고 안선생님의 강연이 시작되고, 20분쯤 지나자 몸이 후끈후끈 따뜻해졌습니다. 땀이 날 정도였습니다. 그러는 동안에 이상한 현상을 경험했습니다. 회장안의 빛이 흔들리게 되고 흰 종이 위에 안선생의 말씀을 필기

(筆記)하는 눈이 아물아물해서 잘 보이지 않게 되었습니다. 제 앞에는 세명의 여성이 옆으로 나란이 앉아 있었는데, 그 분들의 뒷모습을 보니까, 몸의 윤곽보다도 10센티 20센티나 뒷모습 전체가 크게 검게 보이는 것이었습니다. 유체(幽體)가 굉장히 발달된 분이구나 생각했습니다. 강연회가 끝났을 때, 저도 제 앞에 앉아 있던 분들도 더워서 땀을 흘리고 있었습니다.

그 뒤에 개인상담을 해주셨고, 정식으로 제령(除靈)을 해 주셨습니다. 집으로 돌아간 뒤로 몸의 상태가 아주 좋았고, 테스트 테이프로 요검사(尿檢查)를 해도 전혀 당(糖)이 나오지 않는 상태가 사흘 가량 계속 되었습니다. 아침에 눈 뜰 때 기분도 상쾌했고 정말 놀랐습니다만, 3~4일이 지나자 천천이 그전 상태로 돌아왔습니다.

세번째로 안선생님과 만나게 된 것은 그해 12월 초순이었습니다. 이번에는 1박 2일로 오오사까 '옴'모임의 다쓰미군의 일을 거들면서, 안선생님과 함께 시간을 보낼 수가 있었습니다.

그날 밤에는, 새벽 3시까지 안선생님으로부터 심령계(心靈界)에 대한 깊은 내용의 이야기를 들을 수가 있었습니다.

그때의 이야기로는 '백회(百會)가 좌우로 열리는 느낌이 들면 신계(神界)로부터 직접 에너지가 들어온다'는 말씀이었습니다.

그날 밤, 기차로 두시간 반 걸려서 집으로 돌아오는 도중, 줄곧 머리 꼭대기가 좌우로 활짝 열려진 느낌이 들었고, 또한 그 뒤 3일 정도는 몸의 세포 하나 하나가 팽창하여 몸 전체가 커진 것 같은 느낌이 들었고 굉장히 튼튼해졌습니다.

날이 지남에 따라 차차 본래의 제자신으로 돌아와 15일쯤 지나자 펑하고 공기가 빠진 것과 같은 느낌이었습니다.

네번째는 다음해 1월, 오오사까 에꼬오 호텔에서 안선생님의 강연회와 신년회에 1박 2일로 참가했습니다.

강연회 석상에서는 먼저 번과 똑같은 이상한 경험을 했습니다. 이번에는 맨 뒤에 앉아 있었기 때문에 사람에 따라서는 유체(幽體)가 크게 발달된 사람과 전혀 발달되지 않은 사람들이 있음을 확인했습니다. 그리고 이번에는 머리 꼭대기가 좌우로 열리는게 아니고, 머리속 한가운데가 저려 오는 느낌이 안선생님과 함께 있는 동안 줄곧 계속 되었습니다.

그뒤, 안선생님과 만나고 곁에 있기만 해도 이런 경험을 노상 하게 됩니다만 안동민 선생님이란 도대체 누구일까요? 이상하게 느껴지는 요즈음입니다.

(추신)

앞서 편지를 보낸 지 또 여러 달이 지났습니다. 지금 저는 지병(持病)인 당뇨병은 거의 완쾌되었을 뿐더러, 제자신도 어느 정도 '옴 진동'을 낼 수 있게 되었습니다. 또한 사진을 보고 진동을 하면 영사(靈査)도 되고, 사진을 손에 대고 시술하면, 병이 있는 분의 사진에서는 이상한 악취가 풍기고, 나중에 확인해 본 즉, 그때부터 병세가 호전되었다고 합니다.

안선생님께 전화로 여쭈어 보았더니,

"'옴' 진동에는 우주의식이 깃들어 있기 때문에 무엇이든지 알 수 있다. 내가 할 수 있는 일은 누구나 할 수 있다"라고 격려해 주셨습니다.

자신이 세계적인 초능력자이면서도 전혀 그런 티도 내지

않고, 언제든지 솔직하고 무엇이든지 물어볼 수 있고 또 그 자리에서 정답을 내려주시는 안선생님은 인격자로서도 당대에서 보기 드문 분이 아닌가 합니다.

 '세계가 한 집안이 되지 않으면 안된다. 또 그렇게 되기 전에 전 아시아가 하나가 되지 않으면 안된다'고 하시는 안선생님의 꿈이 하루 속히 이루어지기를 바라마지 않습니다.

〈증언 • 34〉

머리통이 커지다

奈良市百樂園2丁目 11〜1
森 岡 千 惠 子

 '옴 진동수'를 마시기 시작한 지 2년째의 여름을 맞이하고 있습니다.
 오랫동안 복용한 보고도 하지 못하고 감사하다는 말씀도 드리지 못한 것을 진심으로부터 사과 드립니다.
 마시기 시작하면서, 잠이 많이 온다든가 방구가 많이 나온다든가, 기분이 차분해져서 화내는 일이 적어진다든가는 여러분의 증언과 같습니다만, 2년이 지난 올해 여름의 무서운 더위와 함께 효과가 한층 더 나타난듯, 목 뒤, 얼굴, 두 겨드랑이 밑, 손바닥 등에 심한 두드러기가 생겼다가 한달 이상 지난 지금에야 겨우 완쾌 되었습니다.
 그 결과, 손바닥 빛깔이 아주 깨끗해져서 놀라고 있습니다.
 또한 올해 여름이 시작될 무렵, '옴 진동수'를 마시는 분량이 늘었을 때 오른쪽 머리 속에서 '파싯'하는 소리가 들렸습니다. 며칠이 지난뒤 이번에는 왼쪽 머리 속에서 똑같은 소리가 나서, 제자신도 웬일일까 하고 머리를 기웃거리고 있었습니다만, 정신을 차려서 머리통을 만져보니까 그전에는 오른쪽이 이상하게 뿔처럼 튀어나온 느낌이었는데 지금은 좌우가 똑같을 정도로 옆으로 머리통이 커져 있는 것이 분명했습니다.

정말로 이상한 일이 아닐 수 없습니다.

또한 최근에 들어서서 이상한 꿈을, 언제나 천연색으로 자주 꾸게 되었습니다.

한편, 이것은 꿈은 아니라고 생각합니다만 두눈을 감고 잠시 있노라면 아름다운 풍경이 보이기도 하고, 건물이나 때로는 사람들의 모습이 나타나기도 합니다.

아직 오래 계속되지는 않습니다만…….

그것은 갑자기 보일 적도 있습니다만, 대부분의 경우는 감은 눈 속에 희고 엷은 자색으로 밝게 빛나는 부분이 생겨서, 차차 그 부분이 커지면서 그 안에 영상(映像)이 비추는 것 같습니다.

이상이 '옴 진동수'를 마시기 시작한 지 2년째의 보고입니다.

정말 고마웠습니다.

바쁘신 안선생님께서 조금이라도 가족들과 더불어 편히 쉬실 시간이 얻어지기를 빌면서 감사의 말씀을 드립니다.

〈증언 • 35〉

새로운 인생을 맞이하다

전남 광산군 송정읍 우산리 1085번지
서 상 협

敬天 修德 廣濟
훔치 훔히 사바하
정말 감사합니다.

저는 중학교 밖에 못나왔지만, 학교에 다닐 때부터 늘 인생에 대해서 깊이 생각했습니다만 오리무중이었고, 안개에 휩싸인 것 같기만 했었는데, 서울에 올라와서 굉장히 고생을 했습니다만, 제가 몸이 약해 가지고 불무(佛武)를 배우려고 우연히 일본선원에 들렀다가 그곳에서 요가를 배우고 참선(參禪)을 하게 되었는데, 뭔가 조금 깨달음을 얻어가지고, 마음이란 우주를 지배하는 무한한 힘이요, 자연의 길이다, 마음처럼 묘한 것도 없다는 생각을 붙잡고 늘어졌다가 드디어 어느 정도 마음의 법칙을 깨닫고, 그 뒤에 마인드·콘트롤이란 기술을 배웠습니다.

그 뒤, 증산교(甑山敎) 계통의 대순진리회(大巡眞理會)에 입교하게 되었습니다.

1988년 11월 11일, 우연히 안선생님이 쓰신 《심령진단》이라는 책을 읽게 되었고, 그 책에서 증산상제(甑山上帝)님과 안동민 선생님의 일치점을 보고, 체질개선 연구원을 방문한 후, 안선생님은 분명히 증산 선생님이 다시 오신 분임을 확신하기에 이르렀습니다.
  증산 선생님이 말씀하신 의통(醫統)이란 바로 '옴 진동수' 복용에 의한 체질개선을 뜻하는 것이고, 인간의 체질이 개선되면 마음에도 변화가 일어나게 되고, 결국 이러한 의술 아닌 의술로서 세계는 통일되게 된다는 진리임을 깨닫게 되었습니다.
  1988년 11월부터 '옴 진동수'를 마시기 시작해서 1993년에 이르렀으니까 상당히 오래 되었습니다만, 처음에 '옴 진동수' 마실 당시에는 위장병이 있어서 몸이 아주 약했었는데, 불과 일주일만에 몸이 완전히 완쾌되었습니다.
  그 뒤로는 질병이라는 것을 모르고 피곤한 것도 모르며, 매일매일 커다란 기쁨 속에서 즐겁게 살아가고 있습니다.
  제 마음이 우주의식과 일치되어 있으니, 항상 마음이 안정되고 즐겁고 편안합니다.
  다시 오신 증산 선생님과 이토록 큰 인연, 가까이 모실 수 있는 인연을 갖게 된 것을 끝없이 감사하고 있습니다. 한편, 안선생님이 하신 말씀이 옳은가 여러가지로 객관적으로 살펴본 결과 하나도 틀림이 없다는 사실을 알았습니다.
  '옴 진동수'의 원리, 그리고 심령과학 시리즈에 실린 많은 사실들을 살피기 위하여 88년도 이후 시중에 나와 있는 많은 문헌들을 수집해서 읽어본 결과, 저의 확신은 더욱 굳어졌습니다.
  우리가 어디서 왔으며 어디로 가고 있는가, 하는 사실들과 진짜 깨달음의 경지가 어떤 것인가를 알게 되어, 어려서부터 아무리 생각해도 오리무중이었던 인생에 대한 모든 뜻을 스스로 터득하게 되었습니다.
  안선생님과의 만남과 '옴 진동수'와의 만남은 저에게 있어서는 새로운 인생의 장(章)을 열어 준 것이나 다름없다고 생각합니다.

〈증언 • 36〉

'옴 진동수' 복용에 대한 보고

東京都府中市天神町 1~80 G, 1306號
武 山 勝 弘

 '옴 진동수' 복용에 대한 보고를 올립니다. 결론적으로 말해서 안선생님의 책에 쓰여져 있는 것 같은 두드러진 것은 아니지만 나름대로 상당한 효과가 있었다고 생각합니다. 이하 적어보기로 합니다.

1) 육체적인 효과에 대하여

 (1) '옴 진동수'를 마시기 시작한 지 5~6일 지나면서 '들리지 않는' 왼쪽 귓속 깊은 곳에 가벼운 열기(熱氣)가 느껴졌고(아프지는 않았음) 이런 현상이 약 한달동안 계속된 뒤, 왼쪽 귀밑의 목 뒤와 턱 사이에 있었던 작은 혹 같은 것이 깨끗이 사라졌습니다.
 (2) 저는 잇몸에 고름이 고이는지, 이를 닦을 때면 잇몸에서 적지 않게 피가 나오는 것이 보통이었습니다만, 2개월쯤 지난 뒤부터 출혈이 아주 적어지고 잇몸이 들뜨는 현상도 없어졌습니다.
 150일이 지난 현재는 피가 나오는 일은 거의 없어진 상태입니다.
 (3) 그전부터 가벼운 이명(耳鳴)이 있었습니다만, 이에 대

해서는 전혀 아무런 변화도 없습니다.

(4) 2년 전부터 머리털이 많이 빠지기 시작했고 또한 머리비듬도 7~8년 전부터 많아져서 기분이 좋지 않았는데 이에 대해서도 변화는 없습니다. 여기에 대해서는 앞으로 신경을 쓰지 않기로 했습니다.

(5) 어깨의 신경통에 대해서

직업상 늘 어깨에 통증이 오곤 했습니다만, 원인불명의 오른쪽 목덜미에서 어깨에 걸친 통증이 3개월 후에 깨끗이 사라졌습니다.

저의 일기에는 6월 30일, 이렇게 쓰여져 있습니다.

"어깨의 통증이 사라졌다. 나는 내 자신의 잘못된 자세라든가 몸의 피로가 그 원인이라고 생각했었는데, 어깨의 통증이 없어지자 참다운 원인이 무엇인지 분명히 자각을 하게 되었다.

진짜 원인은 마음의 피로였다. 마음이 지치게 되는 원인은 무엇인가, 그것은 지나친 기대감에서 온 긴장, 즉 자기 자신의 능력(能力)이상의 일을 하려고 애쓰지 말라! 자기 능력껏 노력을 계속하는 자세만 갖게 되면 지나친 긴장은 하지 않게 된다.

인간은 누구나 자기의 능력 이상의 것은 할 수 없다는 자각(自覺)을 갖는 것 이상의 치료법은 없다……어깨에 통증이 생기거든 물결에 거슬리고 있음을 알아야 한다."

(6) 배설효과(排泄效果)에 대하여

한달 정도까지, 대소변·방구 등이 아주 잘 나온 것 같고 잘 확인은 하지 않았지만 숙변(宿便) 종류도 나온 것 같습니다.

저는 4~5년 전 까지만 해도 대단히 변비가 심했던 편이었죠. 식사, 배설 시간 등을 연구해서 간신이 하루 건너 만큼 대변을 볼 수 있을 정도까지는 개선이 되었었는데, '옴 진동수'를 복용한 뒤인 현재로서는 거의 매일, 그것도 식사 전에 원활하게 대변을 배설할 수 있게 된 것입니다.

(7) 감량 효과에 대하여

체중에 대해서는 지난해 여름부터 지바현(千葉縣) 방면에 장기 출장을 나와 있었고, 금년 3월까지 숙사(宿舍)의 식사가 영양이 많은 식단이어서 65kg에서 70kg까지 늘었던 터였습니다.

'옴 진동수' 복용후 10일 정도까지는 대단히 식욕이 왕성해져서 73kg가 되었습니다. 안선생님이 '진동수를 마시면서 식사를 많이 하면 뚱뚱해지는 것은 당연하다……'고 쓰신 글이 생각나서, 이것 큰일났구나 하고 가족들이 모두 한결같이 식사의 분량을 줄였습니다.

그 결과, 한달만에 아내는 2kg, 딸은 1kg, 저는 '옴 진동수' 복용을 하였기에 한달만에 69kg, 두달째는 64kg, 석달째도 64kg로 합해서 9kg가 줄었습니다.

두달이 지난 뒤로는 식사를 그다지 줄이지 않은 탓인지 현상유지 상태가 되어 늘고 주는 차는 있지만 64~65kg를 유지하고 있습니다.

체중의 감량법으로서는, 스즈끼 소노꼬씨의 스즈끼식(일본에서는 유명함)이라는 것으로서 간단히 설명하자면, 기름을 전혀 쓰지 않고 만든 음식, 단백질의 지방(脂肪)을 뺀 요리와 쌀밥(현미는 아닙니다)을 주체(主體)로 해초(海草)찐 야채를 많이 드는 그런 방법입니다.

제가 이 방법을 택할 마음을 갖게 된것은 여러가지 감량법이 있는 가운데, 가장 믿을만 하고 합리적인 것이라고 생각되었기 때문입니다. 다만, 이 방법에서는 다른 염분과 함께 마시는 물의 분량도 상당히 제한되어 있어서 안선생님의 주장과는 반대였습니다만, 오히려 실험에 대한 의욕이 솟아나서 '옴 진동수'를 복용하는 분량은 줄이지 않았습니다.

그 결과는 이상과 같은 것이어서 진동수의 배설 효과가 승리를 거둔 형태가 되었습니다.

(8) 피로에 대해서

저희들은 직업상 정신적인 피로가 주입니다만, 저의 경우, 어깨의 신경통 항목에서도 기록했습니다만, 정신적인 지나친 기대감과 초조감이 없어진 탓인지, 식사 개선의 탓도 있어서인지 피곤한 것을 느끼지 않게 되었음을 자각할 수가 있습니다.

일기에서 발췌해 보면, 4월 30일(한달이 지났을 때)

〈체력적으로 피곤을 느끼지 않게 되었다. 이것은 분명 굉장히 고마운 일이라고 생각한다. 최근 3~4일과 같은 격무는 20~30대 전반(前半)에는 겪은 일이 있지만, 똑같은 피로도 회복력이 전과는 전혀 다르다. 이것은 도대체 어떻게 된 셈일까?〉

──6월 30일(석달 뒤)

〈5월 말부터 한달 이상을 매일 잔업때문에 9~10시 넘어서 집에 돌아가는 일이 많았고, 분명히 몸과 마음이 피곤하기는 하지만, 그다지 고통스럽지는 않다……〉

이상이 육체상에 나타난 효과입니다. 제가 '옴 진동수'를 마시기 전에도 몸과 마음이 아울러 건강했었다는 것을 생각하면 충분히 만족할 만한 결과였다고 생각됩니다.

2) 정신적인 효과

정신적인 면에서는 아주 커다란 수확이 있었습니다.
저의 일기(日記)를 읽어주시기 바랍니다.
(1) 4월 30일(한달이 지난 뒤)
〈……몸 한가운데 무엇인가 편안한 느낌이 있다. 감정의 표현이 부드러워졌다. 이것은 아내나 아이들의 나에게 대한 태도에서도 같은 것을 느낄 수가 있다. 지금까지 나에게는 이처럼 마음 속에 보이지 않는 갈등이 있었구나 하는 것을 잘 알 수가 있다.〉
(2) 5월 7일
〈'옴 진동수'를 마시기 시작한 지 한달 이상이 지났는데 전혀 부정적인 마음이 일어나지 않는다. 몸의 상태도 더할 나위없이 좋고, 정신적으로도 더욱 안정이 되었다. 이렇게도 불안감이 없었던 상태가 지난 반 평생에 얼마나 있었을까? 주위의 여러 사람들에게 끝없이 감사하고 싶은 마음이다. 정말 나는 주변 모든 사람들의 은덕을 입고 있다고 순수하게 생각한다. 앞으로는 그들에게 은혜를 갚지 않으면 안되리라 …….〉
(3) 3개월이 지난뒤
〈'옴 진동수'를 마시기 시작한 지 석달이 지났다. 어떤 일이 일어났는가 적어보기로 한다.〉
(1) 평상심(平常心)이라고 할까, 거의 화를 내는 일이 없게 되었다. 정서가 매우 안정되어 있다. (회사에서도 집안에서도) 주변 사람들의 나에게 대한 태도가 부드러워졌다.
(2) 이야기하는 상대의 생각하고 있는 것이 왜 그런지 잘 알 수 있을 것 같은 느낌이 든다. 직감력(直感力)이 굉장히 강해졌다.

(3) 나를 끊임없이 이끌어 주는 누군가 보이지 않는 존재가 있다. 내가 해야 할 일들이 차례로 눈 앞에 나타나므로, 다만 나는 그것을 내 힘의 80%로 성취시키면, 일은 점점 잘 풀려나가게 마련이다. 일을 하는 데는 매사에 순서가 있다는 것을 지금은 잘 알 수가 있다.〉

다섯달 째가 되는 요즈음에는, 정신적인 안정감이 완전히 정착된 느낌이었고, 작은 일에도 마음이 흔들리는 일이 없게 되었습니다.

그러나 저는 욕심장이이기 때문에, 제자신이 좀더 적극적이고 좀더 명랑하고 남을 아낄줄 아는 따뜻한 마음의 주인공이 되고 싶고, 좀더 많은 일을 할 수 있는 사람이 되고 싶다고 생각합니다.

언젠가는 반드시 되리라고 믿고 있습니다.

가능하다면 안선생님이 말씀하시는 초능력의 일부가 저에게도 개발되어서 그 힘을 조금이라도 많은 사람들을 위해 활용하게 되었으면 하고 원하고 있습니다.

3) 저의 집안에 일어난 기적에 대하여

이 세상에는 기적 또는 우연이라는 것은 없다고 합니다만, 이하에 기록하는 사례는 저와 저의 가족들에게 있어서는 기적이라고 불러도 좋은 일이었고, 더욱이 '옴 진동수' 성원주(成願呪) 서(書)를 쓰면서 부터 일어난 일인 것입니다.

생각하기에 따라서는 이들이 효과가 아니라고 할 수도 있겠지만, 저는 분명히 '옴 진동수' 성원주 및 '家和萬事成'의 서(書)의 효과라고 믿는 바입니다.

(1) 아들의 교통사고

6월 16일(일요일) 오후 3시 무렵이었습니다만, 저의 큰 아들(8세)이 자전거를 타고 집으로 돌아오는 도중 정면으로 택시와 충돌, 자전차와 함께 날라갔는데 가벼운 타박상만으로 기적적으로 목숨을 건졌습니다.

택시는 앞 부분이 상당히 우그러졌고, 타이어의 브레크 밟은 자국이 20m가량 남아 있어서 상당한 충격을 받았다고 여겨지는데 너무나도 운이 좋은 데는 아연해졌던 것입니다.

이렇게 무사한 것은 수호령님의 보호가 있었기 때문이라고 저는 믿고 있습니다. 아들은 매일 300~500cc의 '옴 진동수'를 마시고 있었습니다.

(2) 저의 해외출장

저는 엔지니어링 회사에 근무하고 있기 때문에 해외용 공사가 대부분을 차지하고 있습니다만, 저의 능력 부족과 영어를 잘못하는 탓으로 바라긴 해도 해외에는 나갈 수가 없어서 단념을 하고 있었는데, 5월 말이 되어, 장기간 출장 근무했던 앞서 공사가 끝날 무렵…… 단기로 갑자기 현재 맡은 공사의 토건 부분을 담당하라는 이야기가 있어서 기꺼이 맡았고, 그 목표가 달성되려는 순간, 담당을 계속해 달라는 이야기 끝에 결국 서독 출장을 가기에 이르렀습니다.

서독에는 8월 6일~8월 14일까지 머무르면서 협의를 했습니다. 이번 가을이나 겨울에는 아프리카 리비아에서 진행중인 현지공사 일로 장기 출장할 예정이 되어 있습니다.

저는 이와 같이 계속된 행운을 저의 노력이나 능력때문이라고는 꿈에도 생각하고 있지 않습니다.

이것은 안선생님을 비롯하여, 저를 지켜 주시는 이승과 저승의 여러분들이 이끌어 주신 덕분이 틀림없다고 믿고 있는 것입니다.

(3) 주신 서(書)와 성원주(成願呪)에 대하여
보내주신 '家和萬事成'은 액자에 넣어서 거실에 걸어놓고 있습니다.
또한 성원주(成願呪) 한장에는,
〈안선생님의 이상을 실현시키기 위해 아내와 저는 지금 이 곳에서 살고 있지만, 언젠가는 북해도 땅에서 조금이라도 많은 사람들이 눈을 뜨게 하는 일을 돕고 싶습니다. 부디 잘 인도해 주십시오.〉라고 적어서 제 지갑 속에 간직하고 있습니다.
또 한장에는,
〈저희들의 활동의 기초인 가정이 항상 흔들리지 않는 안정된 곳이 되게 부디 인도하여 주십시오.〉라고 써서 아내가 몸에 지니고 있습니다.
저는 큰 아들의 사고가 무사해진 것이라든가, 저의 소망이 었던 해외출장의 꿈이 이루어진 것은, '옴 진동수' 복용의 효과와 더불어 '家和萬事成'의 서(書)와 성원주에 힘입은바 크다고 믿고 있으며, 또한 아내와 딸도 본인들이 모르게 어떤 큰 도움을 받고 있는 게 아닌가 하고 생각하고 있습니다.
이것은 제가 금생에서의 본래의 목적을 향해 앞으로 나가고 있는 증거가 아닌가 느끼기 시작하고 있는 것입니다.
저는 또한 제 마음이 좀더 크게 열리기 위해서는 앞으로도 여러가지 어려운 일들을 견디어 내고 시련을 겪어야만 하리라고 느끼고 있습니다. 많이 일깨워 주시기를 바라마지 않습니다.

이상으로 저의 보고를 끝냅니다.

준회원으로서 약속된 100일이 지난 것을 다시 한번 사과드립니다.

증언 테이프를 보내야 하는 것이 보고서가 된 것을 이해하여 주시기 바랍니다.

감사합니다.

(주 : 지금까지 1993년 10월 5일 현재, 필자의 수중에 들어온 준회원이 되신 여러분들의 증언은 1천여통 이상이 됩니다. 여기서는 그 가운데서 가장 대표적인 증언들을 정리해 보았습니다.

같은 내용의 증언은 되도록 중복을 피했습니다만, 독자 여러분들이 읽어보시면, 필자가 주장해온 '옴 진동수'의 효력이 진실한 것임을 믿을 수 있으리라고 생각합니다.

'옴 진동수'가 널리 보급되게 되면, 필연적으로 공장에서 대량으로 생산해야만 할 단계가 올 것입니다만, 그렇게 되면 세계는 급속하게 변해갈 것으로 생각이 됩니다.

이 우주에 편재하는 생명파동(生命波動)인 '옴'진동을 분명히 귀에 들리는 진동음(振動音)으로 잡아서 그 소리를 자기(磁氣)테이프에 녹음해서 재생시킬 때, 그것은 우주의 에너지를 끌어모으는 초점의 구실을 한다는 것을 발견한 셈인데, 이 발견은 이제부터 열릴것이 분명한 4차원 진동문명(四次元振動文明)의 최초의 첫 걸음에 지나지 않는 것입니다.

지금은 대중의 시대입니다.

예전에는 위대한 성인(聖人),신(神)과 같은 사람이 나타나서 인류를 지도했고, 일반 대중들은 그분들의 지시대로 쫓기만 하면 좋았던 것입니다만, 인류의 역사가 수천년 지나는 동안에, 일반대중도 이제는 어른이 되어야 할 때가 온 것입니다.

예수님이 부활하셔서 우리들을 멸망의 위기에서 구해 주리라든가, 미륵보살님이 나타나서 인류를 평화스러운 낙원으로 안내하여 주시리라고 기대하는 것은, 어리석은 망상에 지나지 않는 것입니다.

인류의 미래의 운명은 어디까지나 우리들 자신이 개척해 나가지 않으면 안되는 것입니다. 그러나 여러분들은 조금도 비관할 필요는 없습니다. 우리들에게는 아직 10년에서 20년의 시간 여유가 있는 것입니다.

'옴 진동수'를 널리 보급시켜 나가면, 적어도 한일(韓日) 두 나라의 백성들은 종자 백성으로서 21세기를 넘어서 살아남을 수 있는 것입니다.

'하늘은 스스로를 돕는 이를 돕는다'는 말씀은 예전이나 지금이나 변함없는 진리의 말씀인 것입니다.

끝으로 한마디, 필자는 지난 20년 동안 '옴 진동수' 보급에 종사해 왔고 한국에는 저를 거쳐가신 분들이 10만명 가깝습니다만, 여러 가지 말못할 사정이 있어서 애써서 증언 테이프를 수집하지 않았습니다. 일본 사람들의 증언이 많은 것은 그 때문이며, 다른 까닭이 없음을 밝혀두는 바입니다.)

제 6 장
우주창조의 수수께끼를 푼다

우주 창조의 고고(呱呱)의 소리

　나의 몸은 1,000억개의 단세포(單細胞)로서 이루어져 있고, 그 하나 하나의 세포에는 나의 온 몸을 만들어 낼 수 있는 유전정보(遺傳情報)가 들어 있다. 어떤 의미에서, 나의 육체는 단세포 생물(單細胞生物)인 1,000억의 백성으로 이루어진 하나의 우주인 것이며, 그런 나의 육체를 지배하는 마음은 하나의 극소우주(極小宇宙)를 지배하는 신(神)이라고도 할 수 있을 것이다.
　인간은 육체·유체·상념체·신체(神體)로 이루어졌다고 한다. 그리고 지구는 물질체(物質體)인 지구와 그 밖을 둘러싸고 있는 유계(幽界)·상념계(想念界)·신계(神界)로서 이루어져 있다고 한다. 규모가 틀릴 뿐, 똑같은 구조인 것이다.
　한편, 나는 육체적인 테레포테이숀(주 : 순간이동의 뜻)만 할 수 없을뿐, 그밖의 초능력은 거의 전부 갖추고 있는, 이른바 초능력자(超能力者)이다.
　다시 말해서 그렇게 할 생각만 가지면, 사람은 말할 것도 없고 동물·식물·보호령이 우주를 지배하는 신(神)들과도 상념동조(想念同調)를 할 수가 있는 것이다.
　이른바 신(神)의 화신(化身)이 되는 것이 가능한 것이며, 그때 나의 목소리는 변해, 찌렁찌렁 울리는 장엄한 목소리로 변하곤 한다.

사람의 마음이란 본시, 과거·현재·미래에 동시에 존재할 수 있는 4차원이동(四次元移動), 즉 어떤 의미에서 시간여행(時間旅行)을 할 수 있는 능력을 지니고 있는 것이며, 또한 몸에서 마음의 일부를 해방시켜, 공간과 시간 속을 자유스럽게 이동하는 것도 가능한 존재인 것이다.

이것은 여러분들도 가능한 것이니 매일 밤 잠든 동안, 여러분의 마음은 육체의 속박을 벗어나 공간과 시간 속을 이동하곤 하며, 이것을 이른바 꿈을 꾼다고 말하지 않는가!

최초에 마음을 육체에서 해방시켜서 10만 광년(光年) 저 멀리에 있는 은하계(銀河系) 중심에 상념이동(想念移動)을 했을 때 나는 죽었다.

1984년 일본의 아다미(熱海) 온천에서 있었던 일이다.

내가 죽은 것을 확인한 사람들은 여러 명이다. 그리고는 4, 5시간만에 나는 되살아났다.

부활(復活)한 것이었다.

이로부터, 나의 상념체(想念體)는 무서운 속도로 발달했다. 어느 날, 나는 이 우주가 탄생하기 전의 시간에 상념 테레포트를 해서 정말로 굉장한 사실을 알게 되었다.

행방불명이 되지 않고 용하게 내 자신의 육체로 무사히 돌아왔다고 생각한다.

대부분의 독자들이 보기에는 황당한 것도 너무 지나치다. 정신상태가 온전한지 의심스럽다고 생각할 분도 많으리라고 본다. 그렇게 생각하는 것은 어디까지나 여러분의 자유이다. 그러나 나로서는 내가 발견한 우주창성(宇宙創成)의 수수께끼를 여러분들에 밝혀줄 의무가 있다고 생각한다.

믿느냐, 안믿느냐는 사실은 아무래도 좋은 일이라고 생각한다. 단순한 공상과학 소설이라고 생각하고 읽어 주시기 바란다.

지금으로부터 약 200억년 내지는 300억년전, 아득한 태고시대의 일이었다고 생각된다.

거대한 블랙크홀로 이루어진 암흑성운(暗黑星雲)과 그 주위를 둘러싸고 있는 중성자(中性子)로 이루어진 성운(星雲), 그리고 이른바 신(神)들의 의식으로 이루어진 빛의 세계가 존재했다.

빛이었던 하나님은 어느날, 자기의 뒤를 쫓아오고 따르는 암흑성운(暗黑星雲)이 도대체 무엇일까 생각했다.

하나님은 호기심이 이끄는대로 느닷없이 그 암흑성운 속에 뛰어 들었던 것이었다.

'라아·옴 ──' 하는 비명 소리와 함께, 암흑성운의 살아 있는 의식인 원시우주는 놀라고 분노하면서 최초의 창조주를 이 세상에 탄생시켰던 것이었다.

아직, 서로 상대편에게 사랑을 느껴서 초우주적(超宇宙的)인 규모의 교합(交合)을 할 준비가 갖추어져 있지 않았던, 음(陰)의 성질을 띄운 원시우주(原始宇宙)에서 태어난 최초의 창조주는, 지혜와 힘만 가진 사랑이 없는 불완전한 신(神)이었다.

따라서, 그 불완전한 신이 만든 세계는 따뜻한 사랑을 그다지 필요하다고 생각지 않는 지혜와 힘만 가진 백성들인, 우주인들에 의해 통치되었던 것이다.

지혜와 힘만 지닌 최초의 신이 많은 인간은 서로 전쟁을 했고, 별들의 세계는 거의 전멸상태에 이르게 되었다.

한편, 이로부터 50억년 가량 지난 뒤에, 음(陰)과 양(陽)의 원시우주(原始宇宙)는 비로소 성숙하여, 서로에 대하여 사랑을 느끼고 자유의사에 의해 서로 동의(同意)한 상태에서 초우주적(超宇宙的)인 스케일의 교합을 했다.

이때, '옴──'하는 고고의 소리와 함께 탄생한 것이, 지혜와 힘과 사랑을 갖춘 두번째의 창조주이신 여신(女神)이었다.

그 여신이 낳은 인간들은 멸하지 않는 불사신(不死身)의 육체를 가진 진인족(眞人族)들이었다. 그들은 어느 의미에서 육체를 지녔으되 신 그 자체였으며, 필요하다면 육체도 가질 수 있는 그런 위대한 존재였었다.

또한 최초의 창조주가 만든 인간들이 두 눈 밖에 없었는데 비하여, 이들은 미간에 제3의 눈을 가진 초인족(超人族)이기도 했다.

이들은 보통 때는 '제3의 눈'을 감고 있는데, 그때는 보통 사람에 지나지 않으며, 미간에는 깊은 주름살이 있는 것처럼 보일 따름이었다. 그들이 '제3의 눈'을 뜨면 빛이 되었고 신 자체로 변신할 수가 있었다.

아니 그 뿐만이 아니었다.

그들은 무엇에나 상념동조(想念同調)를 함으로써 아무 것으로나 변신이 가능했다. 바람으로도, 산천초목으로도, 그 밖의 무엇으로도 변신이 가능했던 것이었다.

따라서 이들 진인족(眞人族)에게는 우리들이 말하는 문명이나 문화가 필요 없었다.

이 진인족은 전 우주에 널리 퍼졌다. 별과 별 사이를 이동하는데도 그들은 우주선이 필요 없었다. 테레파시파(波)로 변하여, 하나의 은하계에서 다른 은하계의 별로도 순간이동이 가능했기 때문이다.

또한 진인족의 아득한 자손들의 일부가 뒤에 지구에 건너

와서 '무우'와 '레무리아'의 백성들 조상이 되었던 것이며, 최초의 창조주가 만든 백성들은 백인으로서 지구에 보내져서, 아트란티스 대륙의 백성이 되었던 것이다.

지구에 오기 전에, 이들 두 종류의 인간들은 전 우주에 퍼져 있었다. 그러나 지혜와 힘만 자랑하고 타민족을 정복하기를 좋아하는 백인들의 조상에 의하여, 거의 모든 은하계의 별들이 멸망 직전에 놓인 일이 있었다.

그래서 지금으로부터 약 42,000년 전에 북극성의 네번째 혹성에서 신들의 커다란 모임이 있었다.

이 모임의 주최자는 오리온 별자리에 거처를 둔 창조주들의 아버지에 해당되는 하나님이었다. 왕비인 여신(女神)은 말할것도 없고, 여덟개의 은하계를 대표하는 24명의 신들과 8,000억개의 별을 통치하는 8,000억명의 신들도 옵서버로서 참가했던 것이다.

그때의 모임의 정경을 전해 보고저 한다.

창조주의 아버지이신 하나님은 말씀하셨다.

"내가 아직 미숙했을 때의 잘못에 의하여, 원시모성우주(原始母性宇宙)를 나도 모르게 겁탈해서 불완전한 창조주를 태어나게 했고, 그 창조주에 의하여 사랑이 없는 불완전한 인간들이 태어나서, 지혜와 힘만을 겨루는 문화가 발생했다. 지금, 그들 백성들에 의하여 이 우주는 깊이 병들어 거의 죽어가고 있다. 나는 내 자신의 책임을 통절하게 느낀 나머지 이들을 붙잡아서 지구성(地球星)에 추방했다. 그와 동시에, 사랑에 의하여 만들어진 다른 백성도 지구성(地球星)에 이동시켰다. 이들 두개의 이질적(異質的)인 문화는 서로 접촉함으로써, 지혜와 힘만으로는 살아가기 어렵다는 것을 어차피 깨닫게 되리라고 생각한다.

그러기 위하여 이들 백성들에게 죽음을 주어서 12000년에서 24000년에 걸쳐서 윤회전생(輪廻轉生)을 하게 했다.

1, 인과응보(因果應報) 2, 공존공영(共存共榮) 3, 불간섭주의(不干涉主義)로 된 3개의 우주법칙을 저절로 깨닫기 위해서는 인간은 그만한 세월에 걸쳐서 윤회전생을 하지 않으면 안되리라고 생각한다. 그리하여, 마침내 깨닫게 된 인간들의 영혼은 새로 태어난 신(神)의 자식으로서 우리들의 세계에 받아 들이도록 하자.

1,000억개의 은하계(銀河系)가 1,000억개나 존재하는 이 대우주(大宇宙)에 지금 가장 부족한 것은 신(神)들이기 때문이다.

그때, 최초의 창조주였던 신(神)이 말했다.

아버님, 저는 그렇게는 생각지 않습니다. 아버님께서 지구성(地球星)에 추방시키신 백성들은 분명히 제가 만든 인간들의 후손들입니다만, 어쩔 수 없는 존재들입니다. 이번에 아주 거대한 블랙크홀 안에 가두기라도 하지 않는 한, 어느 날엔가 그들의 힘에 의하여 지구성은 말할 것도 없고, 우리들의 세계까지도 멸망당하게 될 것입니다. 또한 그들은 아버님의 젊은 시절의 잘못을 드러낸 수치스러운 존재이기도 하니 이번 기회에 아주 없애버리는게 좋을 것 같습니다. 그리고 아버님의 왕좌(王座)를 저에게 물려주십시오. 저는 아버님보다도 더 훌륭하게 이 대우주를 통치할 자신감이 있습니다.

창조주의 아버지인 하나님은 말씀하셨다.

너는 정말 한심한 소리만 하는구나! 너는 적어도 어떤 백성들로부터는 하나님이라고 불리우고 있는 존재인데, 어찌 그다지도 사랑이 없는 말을 하는가! 그들을 네가 만든 백성들의 자손들이 아닌가! 자기가 낳은 백성을 멸망시키려고 한다는 것은 즉 네자신을 부정하는 것이나 같은 일임을 알아야 한다. 그 순간, 너는 신(神)으로서의 존재를 그치고 소멸되리라!

아버님, 당치도 않은 말씀이십니다. 저도 지금까지 오랜 세월에 걸쳐서 그들은 신의 자녀라고 불리우기에 알맞는 종족으로 진화시키기 위하여 끝없는 노력을 기울였습니다. 하지만 아무런 소용이 없었습니다. 점점 더 나빠질 따름입니다. 제가 원하는 대로 하여 주십시오!

하나님은 다시 말씀하셨다.

너와 내가 아무리 이야기해 보았자 소용없는 일이다. 왕비에게 물어 보도록 하자! 그러나 왕비는 나의 왕비이기도 하지만, 너의 어머니이기도 하다. 어느 편을 드는 것도 괴로운 일이다! 그래서 나는 왕비를 둘로 나눈다. 왕비와 너의 어머니로 나눈다!

하나님의 손길에서 번개가 빛나고, 거인족(巨人族)의 체형(體型)을 가진 왕비와 그보다 키가 작은 보통 인간의 몸집을 지닌 모친이 태어났다.

하나님의 지시를 받고, 왕비가 먼저 발언(發言)을 하셨다.

"나는 아버님의 말씀이 옳다고 생각한다. 그것은 내가 왕비이기 때문에 하는 말은 아니다. 아버님이 저지른 잘못은 비록 그것이 모르고 저지른 일이라고 하더라도 아버님에게 그 잘못을 수정할 의무가 있기 때문이다. 그 일을 하지 않는다면 아버님은 너보다도 못한 보통 인간이 될 것이다. 창조주의 아버지인 하나님 역할은 아무나 할 수 있는 일이 아니다. 그대가 지금과 같이, 아직 이 대우주(大宇宙)의 주인인 아버님에게 반항하는 것도 옳지 않은 일이라고 생각한다. 그것은 그대의 마음에 사랑이 없기 때문이다. 하나님의 사랑은 무한한 것임을 알아야 한다. 왜냐하면 전우주(全宇宙)는 그대의 아버님에 의하여 만들어진 것이기 때문이다. 어느 세상에 자기의 자식들을 없애려는 이가 있겠느냐? 그대는 지금 그대의 백성을 없애려고 하고 있다. 그대는 신(神)의 자리에서 떨어져 대마왕(大魔王)이 되려는 것이다. 나는 그대가 그와 같이 타락되는 것을 막기 위해서도 아버님의 말씀을 따르도록 호소한다."

하나님은 말씀하셨다.

"그렇다면 모친(母親)으로 변신한 왕비의 분신(分身)에게 물어보도록 하자!"

모친이 된 왕비의 분신은 떳떳하게 말했다.

"저는 아들의 생각도 옳다고 생각합니다. 아버지의 젊은 시절의 잘못된 증거를 없애려는 것도 아버지에 대한 사랑이 있기 때문이 아닐까요? 아들에게 사랑이 없다고 하신 말씀을 저는 도저히 받아들일 수가 없습니다."

하나님은 큰 소리로 웃으셨다.

"아들을 두둔하는 그대의 마음에는 아들에 대한 사랑이 불타고 있다. 나는 분명히 확인했다. 그러나 자기의 남편인 나에게 대해서는 아들을 심판한데 대한 증오가 불타고 있다. 화를 내고 있는 것이다. 그것은 아들을 낳았을 당시의 여신(女神)이기도 하기 때문이다!"

하나님은 잠시 침묵하신 뒤에 다시 말씀하셨다.

"나의 아들이 만든 인류에게 과연 생존할 수 있는 자격이 있는지, 없는지, 그들에게 희망이 있는지 없는지 그것을 시험하기 위해 나는 제안한다! 6000년을 하나의 주기로 해서 일곱번에 걸친 기회를 주기로 하자! 그리고 그동안, 우리들은 신(神)으로서 꿈을 꾸는 것이다. 잠들고 있는 동안에 우리들의 마음은 신의 몸에서 빠져나가 인간의 육체에 깃들이는 것이다. 나와 왕비는 온갖 기회를 통해서 지구인에게도 살 수 있는 권리가 있음을 증명할 생각이다. 그러기 위하여 나는 70퍼센트의 착한 마음과 30퍼센트의 왕성한 생명력, 즉 스스로 살아남기 위해서는 무엇이나 할 수 있는 악한 마음을 가지리라! 그러나 나의 아내가 되도록 숙명을 갖고 태어날 왕비는 오직 사랑만의 여인이 되어서 나를 도와주기 바란다! 그리고 어미가 된 왕비의 분신은 온갖 기회를 통해 인간이 가능성이 없다는 것을 증명하기 위하여 여신의 성기(性器)를 지닌 창녀(娼女)로서 사나이들을 타락시키는데 전력을 기울여야 한다! 그리하여 그대의 아들이 옳다는 것을 증명해야만 한다. 아들이여! 너는 대마왕(大魔王)이 되어서 지구성(地球星)을 통치하는 물질계(物質界)의 왕이 되어서, 온갖 기회를 통하여 네가 만든 인간들이 살아남을 가치가 없는 존재라는 것을 증명하도록 하라! 신의 군대는 6을 너에게 주리라! 나는 4를 취할 뿐이다. 너는 아직 미숙하기에 같은 힘으로는 절대로 나를 이길 수는 없다고 생각하기 때문이다. 나는 아들인 너를 사랑한다! 그러기에 42,000년 뒤에는 지금보다 좀더 사랑이 있는 신으로 변신해 주기를 바라는 것이다. 그렇게만 되어준다면, 그때 나는 어차피 나의 왕좌(王座)를 너에게 물려줄 생각이다. 이 전우주(全宇宙)의 창조주의 아버지인 하나님이 해야만 할 일들이 얼마나 벅차고 괴로운 것인지 너는 아직 모르고 있는 것이다. 그러기에 내 왕좌를 탐내는 거다. 이 일을 지금의 너는 모르지만, 그러나 언젠가는 반드시 알게 되리라고 생각한다. 그러면 나는 이제부터 잠시 잠들고저 한다! 꿈속에서 우리들은 인간의 몸에 깃들이게 되고, 동시에 신이었다는 기억을 완전히 잊어야만 한다. 그렇지 않다면 인간에 대해서 완전히 알 수는 없을 게다. 그러니까 다른 신들은 저마다 자기의 입장을 지켜서 인간으로 변신한 우리들을 지켜주는 신이 되어주기 바란다. 이제부터 나와 아들은 덧없이 죽어가는 인간이 되어서 42,000년 동안 윤회전생(輪廻轉生)을 해야만 한다!"

하고 말씀하시고 하나님은 크게 웃으셨다. 그리고 말없이 고개 숙이고 있는 어머니가 된 여신에게 가만히 속삭이셨다.

"그다지 걱정하지 않아도 된다! 한번에 승부를 가릴 수도 있지만 나는 그런 짓으로 아들에게 자신감을 잃게 할 생각은 없다. 여섯번 반 져 줄테니까 안심하라! 그리고 42,000년 뒤, 때가 오면 나는 그대를 만나서 대창녀(大娼女)로서의 업장을 소멸시켜 주고 여신으로서 복권을 시켜주리라!"

그리고 하나님께서는, 최후의 때가 오면 스스로 인간으로 화생(化生)해서 온갖 괴로운 시련을 겪으면서 살아가는 가운데 스스로 신이었음을 자각하게 될 것을 약속하신 것이었다.

인간을 돕기 위해서는 비록 하나님이라고 해도 우주의 대법칙을 누구보다 철저히 지켜야 한다는 것, 또한 인간으로서 출발하여 신으로 진화하는 길고 고달픈 길을 걸어야만 한다고 말씀하신 것이었다.

타락한 인류를 구제하는 마지막 방법으로서는 제2의 창조주인 여신이 태어났을 때 울려퍼진 '옴 진동'을 물에게 주어서, 인간의 몸과 마음을 깨끗이 하여 집단의식생명체(集團意識生命體)로서 진화시킴과 동시에, 잃어버린 '제3의 눈' 대신 구실을 할 수 있는 기구를 스스로 만들어서 지구성(地球星)에 보급을 시켜서, 최종적으로 지구인들이 지구연방(地球聯

邦)을 만들게 되었을 때 꿈에서 깨어나서, 하나님으로서의 의식을 되찾게 된 뒤에, 다시 신들의 모임을 갖고 8000억의 별들을 다스리는 수많은 신들로부터 심판을 받으실 것을 선언하신 것이었다.

이것이 내가 우주창성기(宇宙創成期)에 상념(想念) 테레포트해서 알아낸 사실들이다.

단순한 환상인지, 작가인 나의 마음의 잠재의식이 만들어 낸 거짓말인지, 또는 정말인지 그것을 확인할 수 있는 방법은 없다.

그것은 독자 여러분들도 마찬가지일 것으로 생각한다. '옴 진동수'가 어떤 것인지는, 여러분들이 직접 일정기간 스스로 마셔보지 않고서는 알 수 없는 것과 같은 일인 것이다.

'옴 진동수'와 인연이 있는 분들은 행복한 사람들이라고 생각한다.

인연이 없는 사람들은 나를 망상에 사로잡힌 광인(狂人)이라고 생각하리라!

그것은 그것으로 좋은 일이라고 생각한다. 어쨌든 지금의 우리들 인류에게 남겨진 시간은 얼마 남지 않았다고 생각한다.

될 수 있으면 더 많은 사람들이 '옴 진동수' 복용 가족이 되어서 창조주의 아버지이신 하나님의 말씀이 옳았다는 것을 이해해 주기를 바란다.

(주 : 사람들의 부질없는 오해를 피하기 위하여 한마디 한다. 모든 인간의 영혼은 본질적으로 보아 하나같이 하나님의 분령체(分靈體)임을 명심하여 주시기 바란다.)

필자는 〈聖光磁氣體質改善硏究院〉을 개설하고 있고 준회원제(準會員制)로 행복을 부르는 기적의 생명수인 '옴 진동수'를 만드는 카셋트 테이프를 보급하고 있습니다. 관심이 있으신 분은 직접 연구원에 연락하시거나, 다음 지방 연락소에 문의 하시기 바랍니다.

서울(02) 730-6000
부산(051) 582-0789
56-0789

후 기

최근 우리는 낙동강 수질 오염으로 인한 큰 소동을 겪은바 있다.

식수의 오염이 심각함은 매일 절실하게 느끼고 있는게 사실이지만, 알고 보면 식수 뿐만이 아니다.

마시는 물 뿐만 아니라, 먹는 음식, 흡입하는 공기 등, 오염되지 않은 것이 없는게 현실이다. 인간의 몸은 유해물질이 몸안에 들어와도 소변·대변 그밖의 분비물로 몸 바깥으로 배설하는 능력이 있지만 그 능력은 완전한 것이 못되기 때문에 시간이 지나면 조금씩 몸 안에 고이게 마련이다.

그 고인 유해물질이 생물학적인 한계를 넘는 순간, 인간의 모든 육체기능은 순간적으로 정지하게 되어 갑작스러운 죽음을 맞게 된다고 한다.

최근 나에게도 그런 보고는 여러 건이 들어와 있다. 저녁 밥상을 받은 남편이 맥주가 마시고 싶다고 해서 구멍가게에 가서 맥주를 사갖고 돌아와 보니까 남편은 밥상머리에 죽어 있었다고 한다.

왕진을 온 의사는 원인불명의 심장마비라고 진단을 했고, 어쩌면 피로가 극한점에 달한 때문에 아닌가 했다. 남편의 죽음이 너무도 억울해서 그 원인을 알려달라는 호소였다. 그런가 하면 천신만고 끝에 새집을 장만한 부부가 잠자리에 든 뒤에 장래의 설계에 대하여 도란도란 이야기를 하다가 갑자기 남편이 아무런 대답도 하지 않기에 주의해 보니까 남편은 죽어 있었다는 보고도 있다.

어떤 공무원은 상관 앞에서 보고를 하다가 어이없게 주저앉더니 그대로 숨을 멎었다는 보고도 있다. 그전에는 이런 일이 없었는데 최근 몇년 들어서 이런 보고를 나는 많이 접하게 되었다.

의학적으로는 과로 또는 충격에 의한 심장마비로 인한 갑작스러운 죽음으로 처리가 되는게 사실이나, 알고 보면 모두가 일종의 공해병(公害病)이라고 나는 판단한다.

각종 공해물질이 몸 안에 축적 되어서 어떤 한계점에 달하면 모든 생물은 그 생물학적인 기능이 정지된다는 것은 의학계의 일부에서는 이미 공인(公認)된 사실이다.

공해물질을 배설하는 능력에는 사람마다 개인차가 있지만, 결국 어느 날엔가는 모두가 그 한계점에 달할 것으로 생각된다.

성경에 이르기를 '끝날에는 밭을 갈다가도 죽고 밥을 먹다가도 죽는 급한 일을 당한다'는 예언이 있는데 이것이 바로 공해로 인한 인류의 멸망을 뜻하는 것이라고 나는 생각한다.

그런데 내가 알기로는 인간은 유사이전(有史以前)에 지금보다도 더 발달된 문명이 있었으나, 핵전쟁 그 밖의 큰 재변으로 그 당시 인류가 거의 멸망하고, 극소수 살아남은 사람들이 다시 원시시대로 돌아가서 그 뒤 6000년이 지나는 동안에 오늘날의 문명을 이룩한 것으로 알고 있다.

아득한 옛날에도 우리는 지금보다도 더 나쁜 환경 속에서 살았던 적이 있고, 그때 공해물질을 완전에 가깝에 몸 바깥으로 배설하는 능력을 가진 돌연변이 인간들만이 살아 남아서 우리들의 조상이 된 것이라고 나는 생각한다.

그러나 그뒤 환경이 좋아지자 우리들의 조상이 지녔던 특수능력은 퇴화(退化)된 것이라고 나는 생각한다.

우리들 주변을 보면 선천적으로 술이나 담배가 몸에 맞지 않는 사람들이 있음을 종종 볼 수가 있다. 이들은 몸에 해로운 것을 거부하는 기능을 가진 사람들이라고 나는 생각한다.

우리 모두가 이런 능력을 지녔고 조상의 능력을 잠재적으로는 지니고 있다고 생각되거니와 어떤 방법으로든 그 능력이 다시 발휘되도록 할 수만 있다면 우리는 공해병으로 멸망하는 일은 없을 것으로 생각된다.

내가 발견한 '옴 진동수'는 퇴화된 뇌의 기능을 활성화 시켜주는 촉매제 노릇을 해 준다고 나는 믿는다.

심한 알콜 중독자가 '옴 진동수'의 장기적인 복용으로 술을 전혀 생리적으로 받지 못하는 체질로 바뀐 예는 많다. 심지어는 쥐약을 대량으로 마셔서 4시간 안에 틀림없이 죽는다고 의사가 진단을 내린 중환자가 살아난 예도 있고, 자살하려고 술에다가 농약을 타서 마신 사람에게 '옴 진동수'를 집중적으로 마시게 함으로써 아무런 후유증이 없이 소생한 예도 있는게 사실이다.

'옴 진동수' 자체가 강력한 해독제 노릇을 하는 것도 사실이지만, 장기 복용함으로써 체질이 바뀌어서 몸에 해로운 음식을 섭취하면 그 자리에서 토해낸다든가 하는 체질로 바뀐 예가 많은 것을 보면, 뇌속에 잠재되어 있던 우리의 조상이 지녔던 특수능력이 다시 발휘되는 체질로 바뀐게 분명하다고 생각한다.

'옴 진동음'을 물에 쪼이는 순간, 일종의 볼록렌즈 구실을 해서 우주 에너지를 끌어들여 물의 상태가 바뀌는 것인지, 물의 구조 자체가 바뀌는지는 아직은 판별이 되지 않았지만, 물의 성질이 완전히 바뀌는 것만은 확실하다고 생각된다.

'옴 진동수'를 창안해서 보급에 힘쓴 지 23년이 지났다. '옴 진동수'도 이제는 성년(成年)을 맞았다고 생각된다. 그동안 나는 회원관리를 소홀히 해온게 사실이나, 이제는 천하에 공표해도 좋은 때가 되었다고 생각된다.

공해(公害)가 심해지는 오늘의 시대가 '옴 진동수'의 보급을 요구하게 되었다고 굳게 믿기에 나는 회보를 발행하기로 하고 본격적으로 회원을 널리 모집하기로 한 것이다.

모두가 '옴 진동수' 가족이 되고 공해를 극복함으로써 미래의 후천시대에서 주인공들이 되어주기를 바라는 마음 간절하다.

1994년 8월

편저자 약력

서울에서 출생하여 서울대 문리대 국문과를 졸업. 1951년 경향신문 신춘문예에 「묏火」가 당선되어 문단에 데뷔. 그후 일본에 진출하여 「심령치료」「심령진단」「심령문답」등을 저술하여 일본의 심령과학 전문 출판사인 대륙서방에서 간행하여 큰 호응을 얻었으며, 다년간 심령학을 연구함. 그후 「업」「업장소멸」, 「영혼과 전생이야기」「인과응보」「초능력과 영능력개발법」「최후의 해탈자」「사후의 세계」「심령의 세계」등 심령과학시리즈 20여종 저술(서음미디어 간행)

판권
소유

증보판 발행 : 2010년 5월 10일
발행처 : 서음출판사(미디어)
등 록 : No 7-0851호
서울시 동대문구 신설동 94-60
Tel (02) 2253-5292
Fax (02) 2253-5295

편저자 | 안 동 민
발행인 | 이 관 희
본문편집 | 은종기획
표지 일러스트
Juya printing & Design
홈페이지 www.seoeumbook.com
E. mail   seoeum@hanmail.net

*이 책은 저작권법에 의해 보호를 받는 저작물이므로
무단 전제나 복제를 금합니다.
ⓒ seoeum